Jo Man-Sik

민족의 십자가를 짊어진, 조선의 간디

조만식

김학중 지음

KB192324

넥서스CROSS

한 알의 밀알이 땅에 떨어져 죽으면 많은 열매를 맺는다는 것이 성경의 중요한 가르침이다. 눈물로 씨를 뿌린 사람들은 반드시 열매를 맺게 되는 것이 진리이고 법칙이다. 이 한 알의 밀알에 해당하는 믿음의 거장들의 감동적인 이야기를 풀어놓고 싶다는 생각이 들었다.

사람들은 위인들의 업적만을 놓고 판단하기에 그러한 열매를 맺기까지의 어려운 과정들은 간과하기 쉽다. 그래서 그 험난한 과정을 인간미 넘치는 필치로 담고 싶었다.

믿지 않는 사람들에게 복음을 전하면 복음을 거부하면서 하는 여러 가지 말이 있다. 그중 한 가지는 '복음이 까칠하다'는 것이다. 왜 그렇게 여길까? 복음을 단지 이론으로, 건조한 이야기로 생각하기 때문이다. 또는 결과만을 놓고

조만식

조만식

지은이 김학중
펴낸이 안용백
펴낸곳 (주)도서출판 넥서스

초판 1쇄 인쇄 2010년 12월 20일
초판 1쇄 발행 2010년 12월 25일

출판신고 1992년 4월 3일 제311-2002-2호
121-840 서울시 마포구 서교동 394-2
Tel (02)330-5500 Fax (02)330-5555
ISBN 978-89-6000-838-0   03230
     978-89-6000-585-3   (세트)

www.nexusbook.com
넥서스CROSS는 (주)도서출판 넥서스의 기독 브랜드입니다.

이야기해서 그 과정을 모르기 때문이다. 과정을 아는 것은 참으로 중요하다. 복음을 따라 살아온 믿음의 거장들의 이야기를 접한다면 이 땅의 많은 사람들이 분명히 하나님께로 돌아오리라 생각한다.

일반적으로 위인전은 위인을 미화하는 경향이 있다. 태어날 때 특별한 태몽이 있든지, 성장기가 남달랐다든지 등 일반적인 것부터 지극히 세세한 것까지 미화한다.

그러나 믿음의 거장들의 이야기를 하면서 결코 특정한 인물을 미화하지는 않을 것이다. 사람 냄새 나는 그들의 삶을 이야기할 것이다. 복음이 그들의 삶에 어떤 영향을 끼쳤는지 깊게 살펴볼 것이다.

나아가 이 책이 독자로 하여금 공감대를 형성하고 인생

의 지표를 확립하는 데 도움을 줄 것이라고 생각한다.

믿음의 거장들에 대한 정직한 묘사를 통해 우리가 배워야 할 것을 독자 스스로 발견하기를 기대한다. 거장 한 사람의 위대함은 곧 전능하신 하나님의 위대함이라는 사실을 그들의 일대기를 통해 공유하고자 한다. 또한 하나님은 우리의 연약한 모습에도 불구하고 우리를 사용하신다는 사실을 알리고 싶다.

믿음의 거장들의 이야기를 통해 감히 전능하신 하나님 앞에 설 수 있는 나 자신을 발견하기를 기대해본다. 인생에서 실패했다고 위축될 것 없고 승리했다고 자만할 것 없다. 실패했다고 해서 다시는 기회가 없는 것도 아니고 성공했다고 해서 그것이 내 힘으로만 된 것도 아니기 때문이다.

이제 믿음의 거장들의 실패와 성공을 통해 평범한 사람들을 회복시키시는 하나님의 모습을 살펴보자.

김학중

차례

머리말 _04

생애 개관 _10

1장　민족의식과 기독교 정신을 배우다

아버지로부터 배운 절개와 의리 _19

강하고 영리한 아이 _22

선교사들과의 만남 _26

2장　그리스도를 영접하고 사명을 깨닫다

장사를 통해 인생을 배우다 _31

젊은 시절의 방황 _33

러일전쟁 피란과 복음 영접 _36

신학문을 배우다 _41

3장　민족의 스승이 되다

일본 유학과 교회 사역 _51

오산학교 교사로 부임하다 _56

3·1운동 주도와 수감생활 _71

신사참배 거부와 일제에 대한 투쟁 _75

조선일보 사장이 되다 _92
농촌진흥운동의 전개 _98

4장 목숨을 건 사명을 실천하다

건국준비위원회 창립 _109
반공노선의 조선민주당 창당 _114
신탁통치 반대 운동 _123

5장 시대의 스승, 숭고한 죽음을 맞다

연금 생활과 가족들의 월남 _135
원수마저도 사랑한 사람 _143

생애 연보 _148
참고문헌 _149

∾ 생애 개관

나라마다 그 나라를 대표하는 스승들이 있다. 그리고 그들은 그 나라와 민족을 이끌어가는 선도자로서 존경받고 있다. 그중 조만식이야말로 '선생'이란 직함이 가장 어울리는 인물이다. 그는 일제강점기에 평안북도 오산학교에서 교사와 교장을 지내며 모두에게 존경을 받은 스승이었다. 또한 3·1운동과 조선민립대학설립운동 및 농촌계몽운동을 직간접적으로 주도하여 청년들에게 민족이 나아가야 할 방향을 제시해준 실천적 지도자이기도 하였다.

나아가 조만식 선생은 우리나라의 독립을 위한 헌신자, 민족과 평화를 사랑하는 지도자로서 '조선의 간디'로 불리었다. 또한 그는 언론인으로서 조선일보의 사장도 지냈다. 해방 후에는 정치인으로서 조선민주당을 조직하고 민족통일운동을 전개했다.

하지만 어린 시절의 조만식은 그다지 훌륭한 인물이 아니었다. 16세 되던 해 장사를 하고자 하여 포목상을 경영하였고 얼마 후에는 지물상을 경영하여 상당한 재산을 모았는데, 이 무렵 술 잘 먹고 돈 잘 쓰는 사업가로 이름을 날렸다. 그러다가 폭음으로 건강을 잃어 부모로부터 생활의 절제를 권유받기도 했다.

그러나 22세 되던 해인 1904년, 조만식은 술과 담배를 끊고 기독교인이 되었다. 기독교인이 된 조만식은 오로지 주님의 뜻대로 살겠다고 결심했고, 사업을 정리했다. 그리고 기독교 학교인 숭실중학교에 입학하여 1908년에 졸업하였다.

숭실중학교를 졸업한 그해 4월, 일본에서 유학하였고 동경에 있는 세이소쿠영어학교에 입학하여 영어를 배웠다. 그리고 그곳에서 간디의 무저항주의와 민족주의 사상을 배워 평생 그의 사상으로 삼기로 결심했다. 1910년에는 메이지대학 전문부 법학과에 진학하였고, 이때 송진우, 김성수 등의 동역자들을 만났다. 또한 1911년 동경 YMCA 회관에서 정식 설립된 동경 한인교회 설립에도 참여하여 초대 영수의 한 사람으로 활약하였다. 학교를 졸업하고 이승훈의 청빙을 받아 오산학교 교사로 부임하였으며, 1915년에 오산학교 교장이 되었다. 그는 1919년 2월 3·1운동을 위해 교장직을 사임하기까지 무보수로 민족교육에 혼신의 힘을 기울였다.

3·1운동 후에는 평양 YMCA 총무로 취임하여 1932년까지 봉직하면서 그의 생애 중 가장 활발한 사회운동을 벌였다. 그의 활동으로 한국 YMCA의 미래 지표가 설정되었고 사회운동의 틀이 정형화되었다. 그는 모든 시민단체의 활동의 뿌리를 보여주었다.

1922년에는 그 시대를 대표하는 산정현교회의 장로로 장립되었으며, '조선물산장려회'를 조직하였다. 물산장려운동은 3·1운동 이후 민족운동의 새로운 방향을 제시해 준 대표적인 운동으로 금주·금연운동, 폐창운동을 포함한 절제운동을 수렴하였다. 그리고 국산품 장려운동으로 구체적인 실천강령을 확립하여, 민족자본 육성이라는 업적을 이루었다. 이 운동은 기독교적 성향과 일맥상통하여 한국 교회의 금주·금연·순결 전통을 야기하는 계기가 되었다. 조만식은 말로만 사회운동을 한 사람이 아니었다. 그는 스스로 말총모자와 편리화 및 개량한복 등을 사용하며 국산품 애용을 호소하여 민족자본 축적에 크게 기여하였다. 이때부터 그는 '조선의 간디'로 불리었다.

또한 그는 타고난 교육자였다. 민족교육을 실시할 수 있는 대학교 설립 운동을 전개하여 1922년 조선민립대학 기성회를 조직하였고 전국을 순회하며 모금 운동을 벌였다. 비록 민립대학 설립의 꿈은 이루어지지 않았으나 3·1운동 이후 침체된 민족 정신을 일깨워준 중요한 계기가 되었다. 또한 숭실중학교 재학 시절부터 체육에 뛰어난 재질을 보였던 그는 체육을 통한 청소년 사기 진작을 위해 '관서

체육회'를 조직하였다.

1936년에는 마산에 내려가 오산학교 제자인 주기철 목사를 산정현교회 목사로 청빙하였다. 또한 1937년 일제의 민족말살정책이 극에 달할 때 조만식은 끝까지 창씨개명을 거부하며 투쟁하였다. 그는 스스로 조선인임을 강조하면서 끝까지 한복을 고수하였다. 1938년에는 자신의 동지이자 민족의 지도자였던 안창호가 별세하자 일제의 감시와 방해 속에서도 장례위원장이 되어 서울에 올라와 장례를 집행하였다. 일제 말기에는 태평양전쟁 이후 학도병 지원 유세를 강요하는 일제 측의 회유에 끝까지 거부하였고, 1944년 주기철 목사가 옥중에서 순교하고 교회가 강제로 폐쇄되자 그는 울분을 터뜨렸다. 그리하여 1945년 봄, 식구를 이끌고 고향으로 내려갔고 그곳에서 해방을 맞았다.

해방과 함께 평양으로 나온 그는 민족 정부 수립을 위한 준비작업에 착수하였으나 소련군의 간섭과 김일성의 술

책으로 그의 모든 시도는 실패로 돌아가고 구금되기에 이르렀다. 평양 고려호텔에 감금된 조만식은 그를 구출하려는 청년들이나 그를 방문한 미군정청의 브라운에게 "나는 북한 일천만 동포와 운명을 같이하겠소"라고 말했고, 월남을 거부한 채 외로운 투쟁을 계속하였다. 그 이후 그는 갖은 고문과 강제수용소 수용 등으로 질병을 안고 살다가 1950년 10월 18일 공산당원에 의해 순교한 것으로 추정되고 있다.

민족의 스승이었던 조만식 선생은 끝까지 진리를 수호하고, 민족을 사랑하며, 절개를 굽히지 않다가 결국 비참한 최후를 맞이하였다. 그의 최후는 잘 알려져 있지도 않을 정도로 비참하고 외로웠지만, 그의 삶은 모든 후손에게 자긍심과 희망이 되고 있다.

1장

민족의식과 기독교 정신을 배우다

아버지로부터 배운 절개와 의리

고당古堂 조만식은 1883년 2월 1일(음력으로는 1882년 12월 24일) 평안남도 강서군 반석면 반일리 내동에서 태어났다. 그곳은 창녕 조씨 가문이 정겹게 살고 있는 씨족 마을이었다. 그렇게 인심 좋은 곳에서 조만식은 어린 시절을 정과 덕과 인간미를 배우며 자랐다.

당시 평양은 크게 두 가지 측면에서 돋보이는 곳이었다. 외국과의 교류가 빈번한 대도시였고, 기독교의 세력이 강해서 '한국의 예루살렘'이라고 불리던 곳이었다. 게다가 1882년은 미국과의 수호통상조약이 맺어져 한국이 서양에 대해 문호를 처음 개방한 해였다. 따라서 조만식은 어릴 때부터 자연스럽게 기독교를 접하게 되었다. 이런 독특한 곳에서 태어난 조만식의 미래는 평양의 미래만큼이나 파란만장할 수밖에 없었다.

조만식의 아버지 조경학은 학식과 덕을 겸비하여 선비로 통하던 사람이었고 인자하면서도 근엄하여서 자녀에 대한 가정교육도 철저하고 엄격했다.

반면에 조만식의 어머니 김경건은 경주 김씨 명망 있는 가문에서 자랐으며, 조용하고 다정다감한 성품의 사람이었다.

그래서 조만식은 어렸을 때 아버지로부터는 예절과 강한 정신력을 배웠고, 어머니로부터는 따뜻한 사랑의 마음을 배웠다. 그의 아버지 조경학은 특히 "사람이란 절의節義를 존중하고 지켜야 한다"라고 자녀들에게 역설하였다. 그리하여 절개와 의리는 조만식의 인생에 큰 영향을 미치게 되었다.

조만식보다 다섯 살 아래인 누이동생 조은식 역시 아버지의 가르침에 강력하게 영향을 받았는데, 그녀는 17세의 나이에 결혼하여 결혼 3년 만에 남편을 잃었다. 20세의 젊은 나이에 졸지에 과부가 되고 만 것이다. 그러나 그녀는 그 이후 재혼하지 않고 지조와 절개로 50년 동안 홀로 기

나긴 인생을 보냈다. 이를 통해 그의 아버지 조경학이 절개
와 의리에 대해 얼마나 강하게 자녀들에게 교육했는지를
알 수 있다.

강하고 영리한 아이

조만식은 여섯 살 때부터 서당에서 글공부를 시작했다. 가문의 특성상 당시 서양 문물이 마구 들어오는 상황 속에서도 신식 공부가 아닌 전통적인 한학漢學 공부를 하게 된 것이다. 그 서당의 장정봉이라는 훈장은 조만식의 영리함을 보고 "이 녀석은 크게 될 놈"이라며 일찍부터 관심을 가졌다. 조만식은 하나를 가르치면 열을 알 정도로 응용력과 창의력이 뛰어났다. 그래서 그는 주변 사람들로부터 주목을 받으며 자랐다.

어린 시절의 조만식은 병들고 연약했다. 그래서 그의 아버지는 어린 아들에게 강인한 정신력을 키워주려 노력하였다. 한번은 조만식이 동네 어린아이들에게 두들겨 맞고 울면서 집에 들어온 적이 있었는데, 부친은 그때 울고 온 아들에게 "사내 녀석이 창피하게 얻어맞고 다니려거든 밥도 먹지 말거라" 하며 벌을 세웠다. 조만식은 자신보다 어린 아이들에게 맞고 들어온 것을 분하게 여겼다. 그 후로 결심하고 체력을 단련하기 시작했고, 그는 그 누구보다도 체육활동을 좋아하게 되었다. 그 결과 조만식은 또래 아이들보다도 체격이 단단하고 튼튼해졌다. 비록 체구는 작은 편이었으나 날렵하고 용맹스러웠다.

조만식은 무예를 연마하였는데 평양의 격투기인 '날파람'을 익혀 호신술로 활용하였다. 날파람은 지금도 북한에서 전래되고 있는 전통 무술로, 두 집단 간에 서로 맞부딪혀 육박전을 벌이면서 싸우는 거친 민속경기이다. 평안도 사람들의 투지와 강인한 기질에 의해 생겨난, 거칠고 투박한 무술경기라 할 수 있다.

온몸이 그대로 공격과 방어수단이 되는 날파람은 우리 민족의 전통무술인 수박手搏과 택견의 기술에 머리받기, 어깨받기, 몸동작 등을 더욱 발전시킨 것이다. 한마디로 온몸이 무기가 되는 무술로, 공격할 때 상대방의 몸을 잡을 수도 있고, 손으로 치고, 발로 걸어찰 수도 있으며, 특히 머리까지 쓰는 무술이었다. 그래서 '평양 박치기' 하면 아직도 유명하며, 수련을 많이 하여 몸이 단단한 사람이 어느 누구보다도 유리했다. 그런데 조만식은 이런 날파람에 일가견이 있을 정도로 수련을 많이 했고 몸이 단단했다는 것이다. 여기서 한 번 마음먹으면 끝까지 해내고야마는 그의 성품을 엿볼 수 있다.

또한 조만식은 지고는 못 배기는 싸움꾼으로도 유명했다. 그에게 한 번 붙잡히면 이리저리 내동댕이쳐지고 몸이 멍투성이로 변했다. 그는 번개처럼 빨랐고 그의 박치기에 들이받히면 그 누구라도 나동그라졌다. 그 정도로 조만식은 통뼈였고 단단한 근육질 몸을 자랑했다.

그렇게 늘 박치기를 하고 돌아다니니 조만식의 머리카락은 항상 짧았다. 싸움을 하면 머리를 푹 숙이고 상대의 가슴을 향하여 달려들어 박치기를 하는데, 이때 상대에게 그의 머리카락을 붙잡히지 않으려고 머리카락을 짧게 잘 랐던 것이다.

이렇게 싸움을 잘하다 보니 누구든지 함부로 그에게 덤

비지를 못했고, 조만식은 모든 사람에게 공포의 대상이 되었다. 그의 번뜩이는 머리와 눈빛을 보면 그 누구라도 무서워했다.

선교사들과의 만남

조만식은 선비적 가풍을 이어받아 글공부도 열심히 했고, 서당에서도 영리함을 인정받았다. 특히 그는 어린 시절에 한국 초대 목사 중의 한 명인 한석진 목사의 아들 한정교를 글동무로 삼아 그의 집에 드나들면서 함께 공부했다.

그러면서 그 집을 자주 드나드는 선교사들을 만나 그들이 나누어주는 전도 문서를 통해 기독교를 접하게 되었다. 처음에 서양인 선교사를 대했을 때 조만식의 눈에는 그들이 귀신처럼 보였다. 당시 서양인의 옷깃만 스쳐도 혼이 빠져나간다는 소문이 있어서 조만식에게는 서양 선교사들이 공포의 대상이었다. 그러나 그는 공포심만 가진 것이 아니라 호기심을 가지고 자주 한석진 목사의 집을 찾아갔다. 그리고 전도 문서들을 호기심으로 읽어보았다.

한석진 목사는 1907년 평양신학교 1회 졸업생 일곱 명중의 한 명으로 진보적 개혁 정신을 가진 인물이었다. 조선 선비의 지조를 지킨다며 변화를 거부하는 수구 보수주의 와는 다른 개혁적인 삶을 살았다. 게다가 그는 누구보다도 애국심이 뛰어났으며, 오직 나라와 교회의 독립과 사랑에 대한 꿈으로 살았다. 그리하여 그는 한국 기독교의 선구자 가 된 사람이었다.

한석진 목사의 집을 드나들며 조만식은 개혁 사상과 기 독교 정신과 애국심에 대해 어린 나이에 조금씩 눈을 떴다. 그러나 아직 그에게는 모든 것이 호기심의 대상일 뿐이었 다. 가랑비에 옷이 젖듯이, 이러한 환경을 통해 민족의식과 기독교 정신이 조만식에게 자연스럽게 배어든 것이다.

2장

그리스도를 영접하고 사명을 깨닫다

Jo Man-Sik

장사를 통해 인생을 배우다

1897년, 16세가 되던 해에 조만식은 서당을 졸업하게 되었다. 훈장은 조만식이 명석한 두뇌를 토대로 학문의 길을 지속적으로 가기를 바랐으나, 조만식의 아버지는 아들이 성인이 되었다고 그를 관청에 데려가 호패를 받도록 했다. 그리고 그는 부모의 권유로 반강제적으로 2세 연상의 박씨 성을 가진 여인과 혼인을 하였다. 그리고는 평양 종로 거리에서 포목상布木商을 운영하게 되었다.

평양은 상업과 무역의 도시였다. 그래서 어린 나이부터 거친 세상의 풍파를 경험해보라고 평양의 부모들은 자녀들을 어려서부터 장사를 시켜 단련하는 것이 전통이었다. 일찍부터 장사를 하게 한 것은 일종의 인생 교육이었던 것이다. 그의 아버지는 돈을 버는 목적으로 장사를 시킨 것이 아니라 장사를 통해서 아들이 삶의 법칙을 배우기를 원했다. 또한 부지런함과 정직함으로 당장의 이익보다는 신용을 쌓을 것을 당부했다. 그래서 조만식은 가게에 찾아온 모든 사람에게 친절로 대하고, 형편이 안 되는 사람들에게는 싼 값으로 옷감을 팔기도 하며 인생 수업을 쌓아나갔다.

처음에는 이렇게 인생 교육의 목적으로 장사를 시작했으나 그 기간이 8년을 넘게 되었다. 그렇게 포목점을 운영하면서 조만식은 젊은 나이에 상당한 재산을 모으게 되었다. 게다가 어린 시절부터 죽마고우였던 한정교와 지물상紙物商까지 동업하여 대성공을 거두고 평양 시내에 사업가로 크게 이름을 날리게 되었다.

젊은 시절의 방황

그렇게 사업으로 승승장구하자 조만식은 그 시대의 명품
족이 되었다. 머리에서부터 발끝까지 치장하고 다녔으며,
당시 젊은이들에게 부러움의 대상이 되었다. 또한 그는 술
잘 먹고, 기생집에 들락거리고, 놀음도 잘하던 젊은 난봉꾼
이었다.

조만식은 매일 술을 마셔댔기 때문에 그의 어머니는 아
들의 몸이 상하지 않을까 항상 염려해야 했다. 그의 어머니
는 전형적인 조선 여성으로, 늘 자녀들에 대한 염려와 관심
이 지극했다. 하지만 아들이 돈을 흥청망청 쓰며 술을 마셔
대자 걱정하지 않을 수가 없었던 것이다.

조만식은 밤이 새도록 밑 빠진 독에 물을 퍼붓듯이 술을
마셔댔다. 이 당시만 해도 술은 평생 조만식과 친구가 될
법한 상황이었다. 또한 조만식은 담배도 잘 피웠다. 그것도

독한 담배만 골라서 피웠다. 보통 담배로는 만족하기 힘들어 특제의 큰 담뱃대에다 성천초成川草 세 잎사귀를 꽁꽁 말아서 석 대를 피운 후에야 기침을 쿨럭쿨럭 하곤 하였다. 성천초成川草는 평안남도 성천 지방에서 나는 담배로 그 독성이 워낙 강해서 아무나 피우지 못하는 담배였다.

당시 시대적 상황은 암울해져만 가는데 조만식은 그것을 인지하지 못하고 개인적인 유희와 쾌락에 빠져서 살고 있었던 것이다. 이렇게 조만식은 그리스도의 복음을 접하기 전까지는 무절제한 삶을 살았다고 할 수 있다.

그러던 중 첫아들이 태어났다. 조만식은 젊은 나이에 아버지가 되었고, 아들의 이름은 조칠숭이라 지었다. 하지만 장남 조칠숭은 정신 미발육의 장애아였고, 후에 26세의 나이로 요절하고 만다.

게다가 결혼생활 7년 만인 1902년, 조만식은 첫째 부인 박씨와 사별하였다. 그의 첫째 부인은 남편의 절제 없는 생활과 장애아들로 인해 심적 고통만 겪다가 일찍 죽고 만 것이다.

그 후 조만식은 전주 이씨 이의식이라는 여인과 재혼하였다. 비록 물질적으로는 부유했더라도 그의 가정은 결코 행복했었다고 볼 수 없었다.

러일전쟁 피란과 복음 영접

1904년 2월 10일, 평양 일대에 큰 소용돌이가 몰아치게 되었다. 일본이 러일전쟁을 일으킨 것이다. 러일전쟁이 시작된 지 한 달쯤 지나자 평양 밖에서 총소리가 요란해졌고, 평양에 전운이 감돌았다. 그래서 조만식의 가족을 포함한 많은 주민들은 생업을 포기하고 대동강 중류에 있는 벽지 도라는 작은 섬으로 피란하였다.

당시 22세였던 조만식은 그곳에서 그의 인생을 뒤엎는 사건을 맞이하게 되었다. 그것은 바로 서당 다닐 때부터 친구이자 지물상 동업자인 한정교의 전도로 마침내 기독교를 믿게 된 것이다. 한정교는 한국 최초의 목사인 한석진 목사의 아들로, 조만식과 동업을 하면서 지속적으로 전도하였으나 조만식은 받아들이지 않았었다. 조만식에게 기독교 이야기는 술이나 여자보다 못한 이야기로 들렸다. 그러나 전쟁 위기에 직면하며 잘나가던 사업을 포기하고 피란을 하면서 드디어 복음을 영접하기로 작정한 것이다. 나라가 망해가는 절망의 끝자락에서, 신앙을 통해 새로운 희망을 발견하게 된 것이었다. 어려서부터 한정교의 집을 들락날락하며 선교사들을 만나고 복음 문서를 받아서 읽었던 결실이 지금에야 나타난 것이었다. 특히 한정교의 간절한 이야기에 조만식은 감동을 받았다.

"만식아, 지금 너 우리나라가 어떻게 되어가는 줄 아니? 지금 우리나라가 점점 형편없이 되어간다. 사방에 강한 나라들이 우리나라를 얕보고 일본은 지금 우리나라를 꼭 자기의 속국으로 만들려고 온갖 장난을 다 한다. 그런데 너는 한문 공부도 많이 하고 머리도 좋고 재산도 그만하면 살아갈 만한데, 너 같은 사람이 이런 망나니 생활을 해서 우리나라가 어떻게 되겠니?"

이 말로 인해 조만식은 양심의 가책을 느꼈다. 그래서 이렇게 대꾸했다.

"그럼 어떻게 해야 되니?"

"먼저 새사람이 되어야 해. 그러려면 예수 믿어야 해. 예수 믿고 새사람이 되어야 해."

"예수 믿으면 진짜 새사람으로 변하나?"

"그럼, 예수 믿으면 된다! 예수가 사람을 변화시킨단다."

이 말에 조만식의 마음이 움직인 것이다. 한정교는 조만식에게 한량 같은 생활에서 벗어나서 나라를 위해 큰일을 할 것을 권유했다. 조만식이 뛰어난 인재라는 것을 죽마고우인 한정교는 알았던 것이다.

그동안 쾌락에 빠져서 제 갈 길을 못 찾던 조만식에게 한정교는 아버지 한석진 목사로부터 배운 민족 정신과 기독교 정신을 일깨워주었다. 현재 조국의 현실을 알려주면서 일제가 얼마나 조선을 강탈하려고 간계를 부리는지를 철저히 알려주었다. 그리고 나라를 위한 큰일을 하기 위해서 신학문을 배울 것을 권유하였고, 신앙생활을 잘하기 위해 술도 끊어야 할 것을 당부하였다.

술 먹는 것을 낙으로 삼고 살던 조만식은 고민에 빠졌다.

그에게 술을 멀리해야 한다는 것은 참으로 가혹한 일이었다. 그러나 조만식은 결단했다. 나라를 위해 무언가 하려면 지혜와 실력을 갖추어야 하고, 그러기 위해서는 자신이 가장 좋아하는 술과 이로 인해 맺어진 세상 친구들과 결별해야 한다고 결단하였다.

러일전쟁이 끝난 후 평양으로 되돌아온 조만식은 한정교를 따라 '장대현교회'로 갔다. 교회라는 곳을 처음 가본 것이다. 그리고 그곳에서 새롭게 신앙생활을 하기 시작했다. 주일 낮에 1,500여 명을 넘나들 만큼 신자가 많던 장대현교회의 예배당에 처음 들어선 순간 조만식은 거대한 군중들의 분위기를 보고 깜짝 놀랐다. 당시 어디에서도 볼 수 없었던 대규모의 인파가 한 서양인의 인도에 따라 열광적으로 노래하다가 다시 함께 부르짖어 기도하는 광경에 그는 충격을 받았다.

놀라운 예배 장면을 처음 목격하고 충격을 받은 조만식은 며칠 밤을 잠 못 이루면서 자신의 인생에 대해 생각했다. '예수를 제대로 믿으면 내 인생이 변할 것이다'라는 결단을 하고 그 이후 본격적으로 교회에 다니면서 확고하게 신앙을 가지게 되었다. 그리고 그는 1905년 23세에 모든 사업을 다 정리하고, 금주·금연을 결심했다. 또한 1897년 기독교 선교사들에 의해 평양에 세워진 숭실학교에 찾아가 초대교장 배위량裴緯良, W. M. Baird 박사를 만났다.

신학문을 배우다

한정교의 권유를 받아들이고 조만식은 신학문을 배우기로 결심했다. 그리고 그 사실을 아버지께 말씀드렸다. 그러나 평소 아들의 생활 태도를 알고 있던 그의 아버지는 도저히 믿지를 못했다. 그렇게 술과 담배, 여자를 좋아하던 아들이 나라를 위해 모든 것을 다 끊고 공부를 하겠다고 하니 믿기가 힘들었던 것이다. 조만식은 그날 밤 술친구들을 다 불러놓고 술과 담배와 기생들과의 인연을 끊는다는 명목으로 밤이 새도록 이별주를 마셨다.

"자네들, 모두 다 좋은 친구들인데, 오늘이 아쉽게도 마지막일세. 난 이제 예수 믿기로 작정했네. 이제부터 나는 숭실학교에 가서 공부하기로 했네. 나라를 살리기 위함일세. 앞으로 자네들, 내 친구가 되려면 예수를 믿어야 하네."

그렇게 밤새도록 술을 마신 후 아직 입에서는 술 냄새가

진동하고 걸음도 휘청휘청 걸으며 눈은 몽롱한 상태로 아침 일찍 숭실학교를 찾아갔다. 다짜고짜 교장을 만나겠다고 떼를 쓰고, 배위량 교장에게 자신을 입학시켜달라고 요구하였다.

교장인 배위량 박사는 한국인이 술을 지나치게 좋아해서 폐단이 많은 것을 보고 교칙으로 금주령을 내린 사람이었다. 술이 신앙생활에 방해가 된다는 것을 알고 있던 그는 철저하게 금주 교육을 시켰으며 수업 중에 '술 주酒'자를 써야 할 대목이 나오면 그 글자를 일부러 피하여 ○표로 대신할 정도로 술에 대해서 학을 떼는 사람이었다.

배위량 교장은 너무나 어이가 없어서 술에 취한 조만식을 물끄러미 바라보며 물었다.

"자네 도대체 공부는 해서 무엇하려고 하나?"

그런데 술에 취해 있으면서도 조만식은 또렷하게 이렇게 말했다.

"공부해서 하나님의 일을 하려고 합니다."

그렇게 술 취해 있던 사람이 눈을 또렷하게 뜨고 공부해서 하나님의 일을 하겠다고 하자 배위량 교장은 저절로 감동을 받았다.

"좋소! 그렇게 생각하고 열심히 공부하시오."

그는 조만식의 등을 쓰다듬어주었다. 입학하여 공부할 수 있도록 허락해준 것이다. 참으로 기가 막힌 순간이었다. 그렇게 술이라면 싫어하는 배위량 선교사가 술 냄새를 풍기며 찾아온 조만식의 몇 마디를 듣고 감동을 받은 것이다. 그 정도로 조만식의 말에는 확신이 있었다.

1905년, 조만식은 23세의 나이로 숭실학교에 입학하게 되었다. 그는 그 후 40년이 넘는 기간 동안 금주·금연하면서 지조를 지켰다. 맺고 끊는 것이 명확한 사람이었다.

그리고는 지금까지의 방탕했던 생활을 청산하고 새로운 삶을 살게 되었다. 그는 기독교 정신이 가득한 숭실학교에서 확실하게 거듭난 생활을 시작했으며, 과거의 한량 같은 모습은 벗어던졌다. 신앙생활을 통해 그는 많은 기쁨을 맛보았고, 새로운 세계를 발견했다. 그는 공부하고 기도하고 또 전도하였으며, 신앙과 학업을 병행하면서 인생의 새로운 기쁨을 발견하며 살아갔다. 그리고 조만식은 외톨이로 살아간 것이 아니라, 학우들과 즐겁게 웃고 놀고 때때로 운동도 하며 친밀하게 교제하며 지냈다.

조만식은 예전에는 술친구야말로 진정한 친구라고 생각했었는데, 신앙 안에서의 친구들을 만나면서 생각이 바뀌었다. 믿음 안의 동역자야말로 진짜 친구라는 사실을 깨달았다.

신앙 안에서의 만남은 서로에게 양보하고 서로를 위해 기도해주는, 정말 아름다운 만남이었다. 지금까지 술친구나 기생집 여인들이 자신에게 그렇게 대해준 적은 없었다. 이렇게 조만식은 1905년부터 1908년까지 숭실학교에서 새로운 신앙생활을 하며 내일을 준비하고 있었다.

그런데 조만식은 근대식 교육을 받지 않고 서당에서 한학을 배운 터라 바로 중학교 과정을 밟을 수가 없었다. 따라서 숭실학교에서 현재의 초등학교 5~6학년에 해당하는 무등반에 다니는 것을 시작으로 근대식 교육을 받았다. 남들보다 뒤늦은 신식 공부였지만 그는 기독교 신앙을 가지고 좋은 선생님 밑에서 배운다는 사실만으로도 감사하게 생각했다. 24세의 조만식은 비로소 아라비아 숫자를 익혔고, 지리학, 사회학, 동식물학, 생리학, 세계사 등 일생에 구경도 못했고 듣지도 못했던 신학문을 배우기 시작했다.

이곳에서 조만식은 특히 도산島山 안창호 선생으로부터 많은 것을 배웠다. 안창호 선생은 1907년 미국에서 귀국하여 탁월한 연설로 군중의 마음을 사로잡으며 민중의 지도자로 우뚝 선 사람이었다. 도산 안창호의 영향으로 조만식은 오직 실력을 양성하는 길만이 국권을 회복하는 길임을 깨달았다.

그래서 조만식은 실력을 쌓기 위해 늘 열심히 공부했다. 또한 배위량 교장으로부터는 합리적인 서구 사상과 사랑의 기독교 정신에 대해 배웠다. 또한 전도의 목적은 영혼을 구원하는 것뿐만 아니라, 이 현실의 상황 속에서 민족적 구원을 성취하기 위해서라는 사실을 대의적으로 깨닫게 되었다.

그리고 민족자본으로 오산학교五山學校를 세운 남강南岡

이승훈으로부터 자립자족의 중요성을 배웠다. 민족 자립의 힘이 있어야 외부 세력에 속박되지 않는다는 사실을 깨달은 것이다.

그렇게 다양한 학문과 신앙을 배우던 차에 1903년 겨울 원산에서부터 시작된 회개부흥운동의 여파가 평양에도 불어닥쳤다. 1907년 1월 연례사경회를 통해 대부흥의 놀라운 불길이 타오르게 되었는데, 학생들에게도 부흥의 물결이 퍼졌다. 봄 학기가 시작되면서 평양신학교와 숭실학교 등 기독교계 학교에도 이 부흥과 회개의 운동이 펼쳐지기 시작하였다.

당시 숭실학교 졸업반이던 조만식도 이 회개운동과 성령운동에 영향을 받고 뜨거운 신앙의 열정을 평생 간직하게 되었다. 그는 실제로 일생 동안 오직 하나님과 조국을 위하여 기도로 시작하여 기도로 끝나는 신앙의 인생을 살았다.

그렇게 조만식은 그의 인생에 한 획을 긋게 한 숭실학교를 졸업했다. 머리가 워낙 좋았던 조만식은 1908년 3월에

26세의 나이로 학교를 졸업했다. 조만식은 성적이 월등하여 다른 사람 같으면 보통 5년 동안 공부해야 될 것을 3년 만에 끝내고 졸업한 것이다.

3장

❦

민족의 스승이 되다

Jo Man-Sik

일본 유학과 교회 사역

조만식은 그다음 달 4월에 바로 동경으로 건너가 유학생활을 하기 시작하였다. 그가 결단을 하는 데는 오랜 시간이 필요하지 않았다. '하나님의 일'을 하기 위하여 더 배워야 한다고 생각했기 때문이었다. 그의 사상에 큰 영향을 준 안창호의 연설과 강연에 감화 받은 그는 실력을 양성하는 길이 민족을 구하는 길이라 확신하고 일본 유학을 결심한 것이다.

그래서 그는 우선적으로 동경에 있는 세이소쿠正則 영어학교에 입학하여 3년간 영어를 공부했다. 이때 조만식은 영어를 공부하면서 다양한 책을 많이 읽었는데 특히 '간디'의 자서전을 읽고 그의 무저항주의와 평화주의에 공감하게 되었다. 그리고 평생 이를 독립운동의 거울로 삼게 되었다. 조만식은 간디의 삶에 너무나 큰 감동을 받아 심지어 복장이나 생활방식까지 간디를 따라 하였고, 무저항주의와 비폭력주의를 실천하며, 매사에 스스로 검소하고 절제하려 노력하였다.

1909년 5월, 동경에서는 특별한 일이 발생했다. 동경 안에서 다양한 방면으로 독립운동을 하던 기독교계 인사들이 민족의 독립정신을 강화하기 위해 동경 YMCA(기독교청년회) 안에 조선인교회를 창립한 것이다. 그런데 각 교파에 따라 끼리끼리 모여 예배를 드리며 분열된 모습이었다.

이러한 상황 속에서 조만식은 "교회도 하나, 나라도 하나"라며 단결을 역설하였다. 그렇게 일본 땅 안에서 교파 문제로 장로교와 감리교가 따로 예배 드리는 것은 바람직하지 않다고 생각하고 본국 총회에 협조를 의뢰하여 1911년 '재일조선인 장감연합교회'가 설립되게 되었다.

이렇게 조선인교회가 조직되자 그는 매우 반가워하였다. 게다가 그 초대 목사가 어린 시절 친구 한정교의 아버지인 한석진 목사였던 것이다. 그래서 그는 그 교회에 출석하게 되었고, 젊은 나이지만 영수(領袖, 교회에 아직 장로가 없던 시절 장로직에 해당하던 직분)의 직분을 맡아서 섬기게 되었다. 또한 동시에 YMCA 회장에 추대되었다.

당시 동경 YMCA는 조선 유학생들의 집결지이면서 민족운동의 핵심 역할을 하는 곳이었다. 여기서 조만식은 송진우 및 김성수를 포함하여 신익희, 김병로, 현상윤, 조소앙 등 미래의 지도자들과 잦은 교류를 가지면서 자신도 민족의 미래 지도자로서의 역량을 갖추어갔다.

그리고 그곳에서 '조선유학생 친목회'를 창립하였다. 이친목회는 단순히 친목만을 위한 것이 아니라, 일본 내에 있는 조선인 유학생들의 인권을 보호하고 젊은 지식층으로서 조국의 자주독립을 위해 투쟁을 하고자 하는 의욕의 모임이었다. 차후에 일본에서 벌어진 각종 독립운동 사건들은 바로 이런 조직 모임을 통해서 이루어졌다. 일본 내 독립운동의 토대를 만든 것이다.

그런데 하루는 친목회 총무인 송진우가 '호남유학생 다화회茶話會'라는 동아리를 조직하여 조만식을 당혹하게 만들었다. 하나와 일치를 강조하는 것이 조만식의 가치관이었는데 지역주의를 유발하는 모임을 보고 놀란 것이다. 조만식은 이들의 마음에 상처를 주지 않고 모임이 자발적으로 해체되기를 원하며 이렇게 외쳤다.

"우리가 앞으로 고국에 돌아가게 되면 서로 고향을 묻지 말고 일해나가자. 인화단결人和團結이야말로 국권을 회복하는 과정에서뿐만 아니라 독립하였을 경우에도 마찬가지로 중요하기 때문이다. 고향을 묻지 말자. 우리나라는 손한 뼘과 같은데 어디에 산다 한들 무엇이 문제인가?"

적국인 일본 땅에서까지 출신 지역으로 나뉘어 사조직을 갖는 유학생들을 보고 답답한 마음으로 이야기한 것이었다. 이 말을 듣고 송진우 역시 미래의 지도자답게 흔쾌히 응하고 모임을 해체하였다.

그렇게 일본에서 리더십을 발휘했던 조만식은 29세에 영어학교를 마친 후 1910년 여름에 잠시 귀국하여 고향으로 돌아왔다. 고향에 머무르고 있을 때 8월 29일 경술국치 소식을 접하였다. 굴욕스러운 한일병합 소식에 분노를 느낀 조만식은 평양 시내의 한일병합 경축식과 일본의 신사에서 신을 모셔오는 행사장에 난입하여 뒤집어엎을 생각으로 불현듯 일어섰다.

그러나 아버지 조경학의 간곡한 만류로 그만두었다. 조만식은 지금은 자신이 나설 때가 아니라는 것을 깨닫고 분노를 참는 것이 진정한 용기라고 생각하며 차후 기회를 노리게 되었다.

그래서 나라를 위한 과업을 더 준비하기 위해 다시 일본으로 건너갔다. 1910년 4월, 28세의 나이에 메이지明治대학 전문부 법학과에 입학하였다. 그리고 법학을 통해 좀 더 조직적이고 섬세한 리더십을 배워나갔다. 국권 침탈의 분노를 참고 공부하며 새로운 대안을 모색해나간 것이다.

오산학교 교사로 부임하다

1913년 봄에 법학과를 졸업한 조만식은 평북 정주 오산학교의 교사로 부임하였다. 민족의 스승으로서의 기본기를 오산학교에서 닦기 시작한 것이다. 그때 그의 나이는 31세였다. 오산학교는 그가 존경하던 남강 이승훈 선생이 자신의 모든 사재를 털어서 창립한 학교였다. 그야말로 민족의 지도자를 양성하는 학교였다. 이곳에서 학생들에게 민족의식을 가르치면서 민족 독립의 방향성을 설정하기 시작한 것이다.

오산학교는 개교 이래로 교사와 학생이 합숙하는 전통을 가지고 있었다. 합숙하며 공동체 훈련을 하면, 하나 된 마음으로 조국 독립을 위한 기틀을 다질 수 있다고 믿었기 때문이다. 조만식은 이곳에서 학생들과 함께 기거하면서 강도 높은 신앙 훈련과 인격 훈련을 시켰다. 조만식은 아침

6시에 어김없이 학생들과 같이 일어나 아침체조를 하고 학생들 틈에 끼어 구보驅步를 하였다. 그런데 오히려 학생들이 조만식보다 뒤처지는 경우가 많았다. 조만식은 뒤처지는 학생들의 등을 밀며 힘을 넣어주었다. 아침을 깨우는 싱그러운 구보 소리는 잃어버린 땅 조선에 희망을 약속해주었다.

또한 그때 오산학교는 청소를 비롯하여 난로 피우기, 장작 패기, 학교 건물 관리 같은 각종 일을 학생들이 맡아서 하였다. 그러나 조만식은 학생들에게 궂은일을 시키지 않고 자신이 앞장서서 직접 하였다.

그리고 학생들을 데리고 뒷동산에 가서 오리나무를 베어서 함께 날라 왔다. 항상 많은 양의 나무는 조만식의 몫이었다. 몸소 지게를 지며 학생들에게 지게 지는 방법을 알려주기도 하였다. 이렇게 나무를 베는 것도 학습의 일환이라는 것을 알려준 것이다. 머리로만 하는 공부는 잘못된 것이라며 실천적인 공부를 가르쳤다.

또한 겨울에 눈이 오면 조만식은 그 누구보다도 먼저 학교 교정에 나와서 학생들이 다니는 길을 즐거운 마음으로 쓸었다. 미래의 일꾼들이 걸어갈 길을 만든다는 생각에 그는 너무나도 신이 났다. 오산학교는 당시 눈만 오면 정문이 막혀서 곤욕을 치르곤 했었다.

그런데 조만식이 이곳에 온 후부터 눈이 오는 날이면 새벽부터 나와서 정문을 뚫고 길을 만들었기에 더 이상 아무런 문제가 생기지 않았다. 그리고 그는 넓은 운동장에 쌓인 눈을 혼자 다 쓸었다. 조만식은 학생들을 가르치고, 생활을 지도하고, 함께 장작을 패고, 눈을 쓸며 학생들과 일심동체가 되어 동고동락했다. 온몸으로 모범이 되어 교육을 한 것이다.

또한 그는 누구보다도 독실한 크리스천으로서 학생들을 모아 기도회를 주관하였고, 성경을 읽게 했으며, 친히 설교를 하였다. 그는 언제나 민족을 위하여 간구하는 기도를 올렸고 설교는 늘 감동적이고 열정적이어서 설교를 듣는 사람의 마음에 맑은 물결을 일으켰다. 조만식은 언제나 제자들에게 신앙의 중요성을 일깨워주었다. 이 세상을 살리고 이 나라를 살릴 수 있는 기초는 오직 신앙이라는 사실을 일깨워주었다. 그는 항상 학생들에게 성경을 가르치고, 특별예배를 직접 주도하였다.

어느 날은 학생들에게 성경을 가르치며 침통한 어조로 이야기했다.

"예수님이 인자로서 우리 인간에게 주신 교훈은 '눈물과 땀과 피'입니다. 눈물은 동정과 사랑을 의미하고, 땀은 땀 흘려 일함을 의미하며, 피는 희생을 의미합니다. 이 세 가지를 우리가 본받아서 민족을 사랑하고, 나라를 위해 땀 흘려 일해야 하며, 최후에 가서 나라를 위해 희생할 수 있는 각오를 해야 합니다."

그는 학생들에게 나라를 살리려면 사람들이 변해야 하는데, 사람들이 변하려면 예수를 믿어야 한다고 가르쳤다.

조만식이 오산학교에 온 지 1년이 못 넘어 오산학교는 놀랍게 변모되었다. 교사들과 학생들은 다시 단결을 찾았고, 학생들 사이에는 검소한 기풍이 번져나갔으며, 학생들이 다니는 교회에는 신앙이 불타올랐다.

그러더니 조만식은 오산학교에 부임한 지 2년 만에 교장의 자리를 맡아 학교의 책임자가 되었다. 학교를 내 몸처럼 사랑하고 학생들을 자신의 자식들처럼 사랑했기 때문이었다.

그러나 그는 교장의 자리에서도 절대 교만하지 않았다. 기숙사 사감 역할도 지속적으로 하였고, 사환使喚 역할도 하였으며, 아이들에게 신앙을 가르치는 교목 역할까지 감당하였다. 학교와 제자들을 사랑하는 마음으로 모든 사소한 일을 기쁘게 감당한 것이었다. 이러한 조만식의 가르침이 있었기에 주기철, 한경직, 함석헌 같은 훌륭한 제자들이 나오게 되었다.

한편 조만식은 오산학교에 있으면서 단 한 번도 보수를 받은 적이 없었다. 그러면서도 그는 보수를 받는 동료들에게 보수를 받지 않고 지낼 수 있는 자신의 넉넉한 형편을 오히려 미안하게 생각하였다. 자신은 보수를 받지 않고도 살 수 있을 만큼 넉넉하니 다른 사람들을 볼 면목이 없다는 것이었다. 그러면서 항상 검소하게 차려입고 검소하게 먹고 다녔다. 조만식 하면 떠오르는 것이 바로 검소한 모습인데 이 모습은 이때부터 자리 잡기 시작한 것이다.

이런 일도 있었다. 아주 추운 겨울 이른 새벽에 조용하던 기숙사 주변에서 이상한 금속성 굉음이 들려왔다. 깜짝 놀란 학생들이 기숙사 방에서 나와 소리가 나는 곳을 찾아 나섰다. 그러다가 얼어붙은 변소에서 바닥을 내리치고 있는 조만식을 발견했다.

"선생님, 도대체 거기서 무엇을 하고 계십니까?"

그러자 조만식은 흐르는 땀을 씻으며 이야기했다.

"아무것도 아니다. 변소 오물이 너무 넘쳐서 꽁꽁 얼어버렸다. 산을 이루었어. 이걸 좀 깨야 너희가 용무를 보지 않겠어?"

학생들은 몸 둘 바를 몰라 안절부절못했다. 그중 한 학생이 앞으로 다가서며 말했다.

"선생님, 저희가 하겠습니다."

그러자 조만식은 그 손길을 뿌리치면서 말했다.

"아니야, 다 됐어. 너희는 이 나라 이 민족을 살리기 위해 학업에나 충실하게."

자신들을 위해 동이 트기도 전에 일어나 솔선수범하는 모습을 보며 학생들은 감동을 받지 않을 수가 없었다.

당시 오산학교에서 조만식으로부터 지도를 받았던 한 경직 목사는 그 당시를 떠올리며 이렇게 이야기했다.

"나는 일생 동안 여러 은사들에게 배워왔지만 학생을 사랑하고 나라를 사랑하며 실제로 모범을 보여주면서 자신의 전 생애를 희생한 교육자는 오직 고당古堂 한 분뿐이라고 생각한다."

조만식은 당시에 편재해 있던 일제식 교육을 지양하고 미래 지향적인 전인교육을 실시했다. 그래서 생활을 교육화했고, 교육을 생활화했다. 교육은 생활 속에서 이루어져야 한다는 것이 그의 생각이었다.

한번은 기숙사에서 한 학생이 밤에 공부를 하다가 큰 소리를 내며 하품을 했는데 그게 밖에서도 들릴 정도였다. 교장이었던 조만식은 그 소리가 나는 방을 노크하더니 웃으며 이렇게 이야기했다.

"하품은 누구나 하는 것이나 다른 사람에게 방해될 정도로 크게 하는 것은 옳지 않다."

이 지적을 듣고 그 학생은 무엇이든지 남들에게 피해를 주지 않고자 조심스럽게 행동하게 되었다.

이런 일도 있었다. 한번은 학교 운동회에서 청팀, 홍팀 두 편으로 나뉘어 경기를 했다. 운동회의 하이라이트인 계주를 할 때 한쪽 팀이 앞서 달리다가 그만 바통을 떨어뜨리고 말았다. 그러자 그 팀의 한 교사가 바통을 집어주어 그 팀이 승리를 하게 되었다.

그런데 상대팀에서 불복했고 운동장이 몹시 소란해지면서 분위기가 험악해졌다. 분위기가 워낙 날카로워서 누가 와서 말려도 도무지 중재가 되지 않았다. 그러자 교장인 조만식이 단상에 올라가 학생들에게 큰소리로 위엄 있게 이야기했다.

"선생께서 바통을 집어주셨으니 상대편이 반대하고 불평하는 것도 일리는 있다. 그러나 우리 오산의 전통은 이미 한 번 내려진 결정은 그대로 인정하는 것이다."

이렇게 단호하게 말하자 떠들던 학생들이 모두 조용해졌고, 조만식의 단호한 목소리에 누구도 대드는 사람이 없었다. 늘 솔선수범하는 교장으로서의 카리스마가 학생들의 험악한 분위기를 잠재운 것이다. 그는 항상 학생들에게 모범이 되었기에, 그만큼 그가 하는 말은 위엄이 있었다.

조만식이 연설할 때면 모든 학생은 가슴이 뜨거워지고 뭉클해졌다. 조만식은 사람들의 마음에 불을 지피는 힘이 있었다. 저절로 흥분과 열정을 자아내는, 대중적인 지도자로서의 힘이 있었다. 이 모든 것이 관심과 소통에서 나오는 힘이었다. 그리고 그의 모든 가르침은 모두 기독교 정신에 입각한 것이었다. 그래서 더욱 설득력이 있었다.

조만식은 늘 학생들에게 세 가지를 강조했다. 첫째는 애국사상, 둘째는 현대과학사상, 셋째는 가장 중요한 예수사상이었다. 그리고 자신은 한민족을 사랑한다는 사실을 몸소 실천하며 보여주었다. 양복도 다 벗어버리고 한복만을 고집하여 입었으며 "난 오로지 한국 사람으로 살겠다"고 말했다.

그리고 절대로 서양 물품인 치약으로 양치하지 않고 소금으로 양치를 하였다. 그리고 서양 비누로 세수를 하는 법이 없었다. 비누도 일본제품이라고 쓰지 않고 옛날부터 내려오던 팥가루로 대신하였다. "우리 조선이 언제부터 비누로 세수를 했던가? 우리 조상들은 비누 없이도 깨끗하고 단정하게 잘 살아왔다"라며 그 누구보다도 단정하고 검소하게 생활하였다.

조만식의 검소한 생활은 보통 사람들이 흉내 내기도 힘들 정도였다. 조만식은 언제나 무명 두루마기를 입었다. 게다가 두루마기의 긴 고름은 낭비라며 단추로 대신하였다. 그뿐 아니라 조만식이 평생 즐겨 사용하던 모자도 자자손손 쓸 수 있도록 말총으로 만들어서 썼다.

조만식이 고름 대신 단추를 단 짧은 두루마기에 말총모자를 쓰고 거리에 나타나면 먼 곳에서도 쉽게 눈에 띄었다. 그리하여 학생들은 "저기 조만식 선생이 오신다" 하고 소리치고 달려가서 인사를 하곤 하였다. 한편 조만식은 말년에 말총모자 대신 단결의 민족 정신과 강한 의지력을 표출

하기 위해 머리에 붕대 또는 수건을 묶고 생활하였다.

조만식은 오산학교의 교장으로 있으면서 입학식이나 졸업식에서도 서양 예복인 모닝코트를 입지 않았고, 두루마기 하나로 모든 대소사를 소화하였다. 이러한 검소함과 민족적 자부심은 조만식의 상징이었다.

어느 해의 졸업식 때 있었던 일이다. 학교의 설립자인 남강 이승훈 선생은 조만식 선생의 초라한 모습을 내빈들에게 보이게 되는 것이 거북하다고 생각되어 "교장 선생님, 평상시에는 괜찮지만 졸업식 때만은 제발 예복을 입어주십시오"하고 권유한 일이 있었다.

하지만 조만식은 "아니, 없는 예복을 어떻게 입겠습니까? 교장 노릇을 못하면 못했지 예복은 입지 못하겠습니다"하고 고집을 끝내 꺾지 않았다. 그러자 이승훈 선생도 결국 두 손을 들었다.

한편 조만식의 아들이 평소 신고 싶었던 구두를 아버지 몰래 맞춰 신은 적이 있었다. 아버지께 걸리면 큰일이 나기에 몰래 사서 신고 집에서는 감추어놓으며 살얼음판 같은 숨바꼭질을 시작한 것이다. 하지만 조만식은 아들의 행동을 이상히 여기다가 결국 숨겨놓은 구두를 적발하였다. 그리고는 아들을 불렀다.

"네가 구두를 맞춰 신고 다니는 모양인데 그 구두 좀 보자. 이리 가져오너라" 하고 명령했다. 아들은 얼어붙었다. 걱정했던 일이 드디어 닥친 것이었다.

겁을 먹은 아들이 구두를 가져오자 조만식은 과감하게 가위로 구두를 잘라버렸다. 그러고 나서, "우리 신분에 맞지 않는 사치는 용서할 수 없다" 하고 엄하게 꾸중을 했다. 분수에 맞는 생활을 해야 한다는 것을 일깨워주기 위함이었다.

그는 이런 정신을 바탕으로 "한국 사람이 살려면 남의 도움을 받지 말고 자급자족해야 한다"고 강조하며 훗날 '조선물산장려회'를 조직하여 남의 물건 쓰지 말고 자급자족하자는 운동을 일으켰다.

조만식은 검소했지만 구두쇠는 아니었다. 조만식은 자기 스스로에게는 모질게 굴면서 절약을 강조했지만, 타인에게는 아낌없이 베푸는 이타주의적인 사람이었다.

언젠가 조만식의 부인이 어렵게 번 돈으로 새 명주이불을 마련했다. 늘 춥게 생활하던 가족은 '올 겨울은 따뜻하게 보내겠구나'라고 생각하며 기뻐했다. 그런데 어느 추운 날 이불을 찾아보니 도저히 찾을 길이 없었다. 혹시나 해서 조만식에게 행방을 물으니 강추위에 신음하던 걸인에게 덮어주었다고 아무렇지도 않게 말하는 것이었다. 조만식은 자신의 처지보다 더 못한 사람들을 보면 가만히 있지 않는 사람이었다.

역시 어느 추운 겨울날이었다. 조만식은 평소보다 조금 늦게 귀가하고 있었다. 골목 어귀에 들어서자 두툼한 가마니때기가 눈에 보여 그것을 슬며시 들춰보았다. 그런데 놀랍게도 그 안에 사람이 누워 있었다. 이 추위에 가마니때기를 뒤집어쓰고 누워 벌벌 떨고 있는 걸인을 보니 조만식의 마음은 칼로 도려내는 듯 아팠다. 그 순간 "네 이웃을 네 몸과 같이 사랑하라"는 성경말씀이 생각나서 잠자고 있는 걸인을 흔들어 깨웠다.

"여보시오. 어서 일어나시오."

걸인은 갑자기 누군가가 흔들어 깨우는 소리에 잠이 깨어 비몽사몽간에 조만식을 바라보았다. 그러자 조만식이 말했다.

"일어나시오. 우리 집에 갑시다. 저녁 식사라도 하고 몸이라도 좀 녹여야 하지 않겠소?"

걸인은 얼결에 조만식을 붙잡고 간신히 일어났다. 걸인을 부축하여 집으로 들어가는 조만식의 마음은 만족스럽고 흐뭇했다. 그리고는 집 대문 앞에 도착하여 큰소리로 소리쳤다.

"여보, 여기 손님 한 분 모시고 왔소."

오밤중에 손님이라니, 집안 식구들은 모두 깜짝 놀랐다. 모두 옷을 차려입고 손님을 맞을 준비를 했다. 그런데 조만식이 깍듯이 모시고 들어온 사람은 다름 아닌 초라하고 지저분한 거지였다. 조만식은 놀란 표정의 가족들 앞에서 천연덕스럽게 말했다.

"아, 이 사람이 우리 집 대문 근처에서 가마니때기를 덮고 누워 떨고 있지 않겠소. 그대로 두었다가는 꼭 얼어 죽을 것 같아 내가 모시고 왔지."

　조만식은 이렇듯 하나님의 사랑을 실천하는 그리스도인이었다.

3 · 1운동 주도와 수감생활

이렇게 오산학교에서 스승으로서 자리매김을 하던 조만식에게 새로운 전환점이 된 사건이 생겼다. 3 · 1운동이 일어난 것이다. 조만식은 1919년 3 · 1운동을 전개해나가는 과정에서 부득이하게 그의 천직과도 같은 교장 자리를 사임하게 되었다. 이렇듯 그는 학교를 벗어나 민족의 독립을 위해 앞장서는 선각자의 모습을 보였다. 학교 안에만 갇혀 있는 스승이 아니라 민족의 스승으로서의 길을 걸어간 것이다.

오산학교 설립자인 이승훈을 필두로 교사와 직원에 이르기까지 모두 3 · 1운동에 적극적으로 참가하였다. 조만식은 민족대표 33인에 들 수도 있었지만 자기보다 손위인 이승훈 선생을 생각해 양보하는 미덕까지 보였다.

조만식은 그렇게 3 · 1운동에 적극 가담했다가 일제에 의해 수배되어 피신하게 되었다. 평양을 떠나 국내를 탈출하여 중국 상해로 망명하려던 중, 평안남도 강동에서 일본 헌병대의 추격을 받았다. 결국 조만식은 체포되어 평양에 압송되었고, 보안유지법 위반 혐의로 징역 1년형을 언도 받고 평양형무소에서 1년간 복역하였다. 그의 아버지 조경학은 아들이 형무소에 갇혔다는 소식을 듣고 충격을 받아 쓰러졌다. 아들은 형무소에 들어가고 아버지는 쓰러지고 말 그대로 가정에 풍파가 들이닥쳤다.

그러나 얼마 후 조경학은 병석에서 일어났고, 지팡이를 짚고 아들이 수감된 평양형무소에 매일 찾아갔다. 그리고는 형무소 주변을 한 바퀴씩 돌면서 아들의 무탈을 기도했다. 하나뿐인 아들에 대한 아버지의 지극정성을 본 사람들은 크게 감복하였다.

어느 날 조경학은 조만식을 면회하기 위해 형무소를 찾아갔다가 옥중 간수의 안내를 받아 주방으로 갔다. 형무소 주방에서 조경학은 수감인들이 먹는, 수수와 콩으로 지어진 밥을 직접 먹어보았다. 그리고는 "이만하면 우리 아들이 견딜 만하겠다"며 가슴을 쓸어내렸다. 그리고 아들을 면회할 때 자신으로 인해 더욱 염려할 아들을 생각하며 눈물을 참고 표정을 밝게 했다.

"견딜 만한가? 이 정도의 식사면 건강에 지장이 없으니 잘 이겨내거라. 사내에게 이런 고생쯤은 아무것도 아니다. 조금만 더 참고 견디거라."

조만식은 평양형무소에서 1년간 복역한 후 1920년 1월에 2개월의 형기刑期를 남겨두고 가석방으로 풀려났다. 일반적으로 가석방 소식은 그 지독한 일제의 감옥에서 지내본 사람들에게는 기쁜 소식이었다. 그러나 조만식은 달랐다. 그는 "10개월 동안 수감된 것 자체가 불법인데 가석방이라는 이름으로 혜택을 받는다는 것은 더욱 불명예스러운 일이니 가출옥을 하지 않고 이대로 잔여 형기를 모두 채우고 나가겠다"며 단호하게 거절하였다. 일제에게 혹시라도 득을 보는 것을 혐오했기 때문이었다. 일제는 이러한 조만식의 모습을 보고 오히려 더욱 가석방을 시켜버렸다.

평양형무소에서 석방된 뒤 조만식은 다시 오산학교 교

사로 부임하였고, 1920년 10월 오산학교 교장직에 재취임하였다. 그리고 그가 일본에서 유학생활을 할 때부터 인연을 맺어온 YMCA에서 사회운동도 더불어 하기 시작했다. 1921년에 평양 YMCA 총무, 즉 대표가 된 것이었다.

그 후 그는 YMCA를 중심으로 장로교, 감리교 연합 저축조합을 조직하였고, 자본을 모아 평양 양말 회사를 설립하기도 하였다. 그리고 1922년에는 국산품 애용을 독려하기 위해 '조선물산장려회'를 결성하고 회장에 취임했다.

신사참배 거부와 일제에 대한 투쟁

조만식은 당대의 대표적인 교회인 산정현교회의 장로에 선출되었다. 그는 청년 시절 숭실학교에 다니면서 장대현 교회를 다녔었고, 1906년 1월 이후에는 장대현교회에서 지교회로 설립한 평양 산정현교회에 출석하였다. 1913년 3월에 일본 유학을 마치고 돌아와 오산학교 교사를 맡게 되었고, 1921년에는 교회 집사로 봉사하기 시작했다.

그리고 1923년 6월 14일, 장대현교회에서 개최된 평양 노회에서 조만식은 장로 고시에 응했다. 조만식은 자신이 장로가 되기에는 부족한 사람이라고 생각하고 있었다. 그 래서 신앙의 성숙을 위해 그 누구보다도 정성과 노력을 보 였다. 이런 그의 행동을 보고 사람들은 이구동성으로 조만 식이야말로 꼭 장로가 되어야 한다고 했다. 그래서 결국 장 로로 피택되어 고시에 응하게 된 것이었다. 그런데 고시에 응한 조만식은 성경과 교리와 신앙의 기본기를 답변하는 교리문답敎理問答 시험에 불합격하고 말았다. 그가 불합격한 것은 지식이 부족해서가 아니라 장로직을 사양하려는 겸손함 때문이었다.

고시 위원들은 그의 겸손한 태도에 감동하였다. 그들은 한결같이 조만식의 실력과 인품을 인정하고 있었기 때문이었다. 결국 그가 속해 있던 평양노회에서는 그의 인품과 신앙 그리고 사회에 끼쳤던 지도력 등을 고려하여 거의 무시험이나 마찬가지로 장로 임직을 받게 했다. 그때까지 그런 경우는 없었지만 그의 인품과 신앙을 모두가 인정했기 때문에 누구도 반발하는 사람이 없었다. 사람들은 보통 서로 시기하고 질투하는 경우가 많은데, 조만식은 겸손함으로 다양한 사람들 틈 속에서 인정받은 것이다.

그는 그렇게 장로가 되고 나서 겸손히 교회를 섬겼다. 예배 때는 맨 앞자리에 앉았으며, 당회에서는 발언을 별로 하지 않았고, 꼭 필요한 것만 말했다. 그의 신앙은 삶의 모든 분야에서 실천적이었다. 겸손을 신앙인에게 없어서는 안

될 덕성으로 생각하면서 자신이 앞장서서 실천했다.

그 당시 교회 장로는 교회뿐만 아니라 사회에서도 인정을 받는 위치였다. 그래서 시민들끼리 소송하고 싸움을 할 때도 재판을 받으러 가기 전에 먼저 조만식을 찾아왔다. 그러면 조만식은 재판에 가기 전에 그 싸움을 시원하게 해결해주기도 했다.

산정현교회에서 담임목사를 청빙하는 과정에서도 그가 얼마나 겸손한 신앙과 삶을 실천하고 있었는지 알 수 있다. 당시 산정현교회는 새로운 담임목사를 찾았다. 그 무렵 임시 당회장으로 섬기던 박형룡 목사는 일제의 박해를 대항할 만한 리더십과 역량을 지녔다고 판단되는 주기철 목사를 추천했다. 그 무렵 주기철 목사는 마산 문창교회에서 목회하고 있었으며, 일제의 탄압에도 불구하고 목숨을 걸고 신사참배 반대 운동에 앞장선 유일한 목회자였다.

1935년 5월 금강산에서 열린 장로교 수양회에서 주기철 목사는 '일사각오—死覺悟의 신앙'에 대해서 설교한 적이 있었다. 또한 그해 12월에도 평양 신학교 사경회에서 일사

각오의 신앙과 정신력으로 일제에 대항할 것을 촉구했었다. 이런 과정을 통해 산정현교회 당회는 주기철 목사를 청빙하도록 결정하고 청빙위원으로 조만식 장로를 마산에 보냈다. 주기철 목사는 오산학교에서 조만식으로부터 가르침을 받았던 제자였다. 하지만 조만식은 마산으로 내려가서 주기철 목사를 만나 예의를 갖춰서 청빙하였다. 마치 유비가 제갈공명을 찾아가는 듯했다.

여기에서 조만식의 겸손함을 발견할 수 있다. 보통 사람이라면 자신이 교장으로 재직할 당시 어린 학생이었던 사람을 담임목사로 청빙하는 것이 쉬운 일이 아닐 것이다. 더욱이 멀리 마산까지 내려가서 제자를 영적 지도자로 받들며 정중하게 예의를 갖추었던 것은 그의 겸손한 인격을 보여주고도 남는다.

더욱이 조만식은 주기철 목사를 담임목사로 청빙한 후에도 지극 정성으로 섬겼다. 사적으로는 제자였지만 공적으로는 담임목사의 위치에 있었기 때문에 평신도로서 깍듯한 예의를 지켜 섬겼다. 조만식은 진심으로 주기철 목사를 영적인 지도자로 존경하고 섬겼다. 그런 장로의 섬김을 목격한 산정현교회 교인들은 주기철 목사를 더욱 극진히 받들었다. 이러한 담임목사와 장로의 관계는 온 교회에 본이 되었고, 교회 성장에도 큰 영향을 끼쳤다.

이처럼 조만식은 자신에게 주어진 직분을 겸손하게 섬겼다. 뿐만 아니라 조만식은 그리스도인으로서 정직을 생명처럼 귀하게 여기며 살았다. 그는 물질 앞에 정직하려고 애썼고, 지도자에게 있어서 깨끗한 재정 관리는 존경받는 지도력의 원동력이 된다고 믿었다. 기독교인으로서 진실을 생명처럼 여기면서 신앙생활을 했고, 사회지도자로서 청렴결백한 삶의 모범을 보여주었다. 조만식은 평생 물질 앞에 깨끗했다.

일제는 1936년경부터 더욱 강력하게 식민지 정책을 추진하며 고통을 가져다주었다. 교회에도 참혹하게 신사참배를 강요하며 고통을 주기 시작했다. 조만식은 자신이 직접 모시고 온 주기철 목사를 신사참배 반대 운동의 선봉장이 되도록 격려하면서 자신도 신사참배 투쟁에 동참했다.

일제의 모진 핍박과 간섭 속에서도 주기철 목사의 신사참배 반대 투쟁을 격려하는 한편 그의 가족들을 극진히 보살폈다.

조만식은 옥중에서 신사참배에 반대하며 신앙의 순결과 민족의 정조를 지키는 주기철 목사를 격려했을 뿐 아니라 옥 밖에서 항상 그를 지켜보며 기도하고 동행하는 삶을 살아갔다. 주기철 목사 곁에는 항상 충성스러운 협력자인 조만식이 있었다. 그래서 주기철 목사는 더욱 힘을 얻어서 끝까지 인내하며 순교자의 길을 걸어갔는지 모른다.

산정현교회에서는 1938년 2월 주기철 목사가 처음 투옥되었을 때 편하설Charles F Bernheisel 선교사가 목회를 대신했는데, 이때 장로들도 한마음으로 설교를 나누어 감당했다. 특히 조만식은 설교와 기도회 인도를 통해 많은 교인이 은혜를 받게 했으며, 일제의 형사들이 이중삼중으로 삼엄하게 감시하는 가운데에서도 한 치의 양보도 없이 산상수훈山上垂訓 등의 말씀을 전했다.

그러나 결국 1940년 3월 24일 교회당은 폐쇄되었고, 조만식을 비롯한 세 명의 장로는 강압에 의해 사표를 내게 되었다. 그러면서 일제는 비밀장소까지 찾아와 불법집회라는 명목으로 성도들을 체포하고 옥에 가두었다. 그러나 교인들은 여전히 구역별로 흩어져 예배를 드리거나 각 가정에서 기도하면서 신앙의 지조를 지켜나갔다. 여기에는 끝까지 창씨개명을 하지 않은 조만식 등의 정신적 지주의 역할이 큰 몫을 하였다. 이렇게 조만식은 신앙인으로서 굳건하게 자신의 길을 걸어갔다.

그리고 조만식은 1923년에 일본 유학시절 인연을 맺었던 김성수, 송진우 등과 함께 '연정회研政會' 조직에 동참하였다. 연정회의 구성 목적은 민족 교육을 위한 대학 설립에 있었다. 민족대학을 설립하는 것은 조만식의 평생 꿈 중의 하나였으며, 그는 '조선민립대학기성운동'을 전개하였다. 이것은 일제가 조선 사람들의 교육 수준을 낮춰 잡아 조선에는 대학 수준의 고등교육기관을 설립하지 않고 전문학교 정도만 설립 허가를 하였기 때문이었다.

그리하여 '연정회研政會'는 순수 조선 민간인들의 힘으

로 대학교를 설립하고 유능한 조선인 학자들을 교수로 초빙하여 고급 교육을 실시하자는 운동을 벌였다. 민립대학 설립을 위한 전국적인 모금이 시작되었고 그 꿈이 이루어지는 듯 싶었다. 그러나 이 역시 민족저항운동의 성격을 띠게 되자 총독부에서는 '경성제국대학'을 설립하는 것으로 이 운동의 열기를 막아버렸다.

그러나 조만식은 좌절하지 않고 바로 숭인중학교 교장에 취임하였다. 그러나 일제의 계속된 탄압과 압력으로 1926년 숭인중학교 교장직을 사퇴하였다. 짧은 기간의 교장 생활이었으나 조만식은 학교에 보이스카우트를 신설하여 나라 없는 민족의 군대로서의 기능을 열심히 독려하는 등 많은 일을 행하였다.

그리고 학생들을 격려하여 '조선물산장려운동'에 가담하게 하였다. 국산품 애용을 기본 취지로 삼는 이 운동은 1920년부터 평양에서 발의되어 전국으로 확산되었다. 1923년 2월, 20여 개의 민족단체 소속 3천여 명이 서울에 모여 조선물산장려회를 조직하였는데 조만식이 초대 회장으로 선출되었다. 조만식은 학생들과 〈물산장려가〉를 부르면서 시가행진을 하여 많은 사람의 박수와 격려를 받았다.

　산에서 금이 나고 바다에 고기
　들에서 쌀이 나고 목화도 난다
　먹고 남고 입고 남고 쓰고도 남을
　물건을 낳아주는 삼천리 강산

이와 같이 〈물산장려가〉를 부르면서 소달구지, 말달구지에 우리 민족이 생산한 물산품을 싣고서 '내 살림 내 것으로'라는 구호의 플래카드를 써 붙이고 시가행진을 하며 국민적 운동으로 홍보하였다.

그리고 그 당시는 학교 교복을 일본 양복천으로 해 입어야 함에도 불구하고 조만식의 의복을 따라 입는 학생들이 많았다. 우리 민족이 짠 무명천에 염색을 해서 그것으로 만든 교복을 입고 다닌 것이다. 조만식은 학생들에게 그 정도로 영향력이 컸다.

학생들이 조만식을 따라 무명천으로 만든 교복을 입고 다니다 보니 일본 순사들에 의해 연행당하는 학생들도 생겨났다. 형사들은 무명천을 입은 학생들을 파출소까지 데려가서 "너 이거(이 옷) 조만식이가 해 입으라고 해서 이렇게 입었지?" 하는 추궁을 하기도 했다. 이렇게 조만식은 학생들과 함께하는 물산장려운동을 펼쳐나갔다. 그래서 그 파급력이 더 컸는지 모른다.

물산장려운동은 갑작스럽게 급조된 것이 아니라 오산학교 시절부터 우리 물산을 장려할 것을 몸소 실천하면서 지내오다가 좀 더 조직적으로 운동을 전개하였던 것이니 그 깊이가 깊고 파급력도 컸다고 볼 수 있다.

물산장려회를 조직한 것은 1920년 8월으로, 3·1운동이 일어난 그다음 해였다. 조만식은 만세운동을 통해 일제에게 민족의 힘을 보여준 것을 그대로 멈출 수가 없었다. 그래서 민족의 사기를 더욱 높이고 민족의 응집된 힘을 보여주기 위해 물산장려운동을 시작한 것이다. 조만식은 물산장려운동을 하면서 이렇게 외쳤다.

우리가 만들어서 우리가 쓰자. 모양이나 값에 다소 차이
가 있더라도 조선 물산을 애용해야 된다는 정신으로 우리
의 것을 써야 한다. 거기에 비로소 우리의 살길이 열린다.
우리 조선 사람의 생활이 이처럼 궁핍하게 된 것은 민족
적 무자각으로 인해 제 것을 천시하고 사랑하지 않기 때
문이다. 그래서 외국의 침략을 자신도 모르게 당하고 있
다. 우리 손으로 국산품을 많이 만들어 써야 한다. 우리가
국산품을 애용해 나가면 자연히 생산이 증대될 것이고,
우수한 산업 국가가 되어 마침내 민족 경제의 자립을 도
모할 수 있을 것이다.

우리나라에서 나오는 것으로 사용해도 충분하니 외국,
특히 일본에서 건너온 것을 사용하지 말자는 내용이었다.
그는 우리 민족을 침탈하고 유린한 일제의 물건을 쉽게 사
용하는 것은 우리 스스로가 노예근성을 보여주는 것이라

고 했다. 동시에 그는 검소하고 소박한 생활문화를 강조했
다. 물산장려회의 기본 실천 강령을 보면 다음과 같다.

첫째, 의복은 남자는 무명베 두루마기를, 여자는 검정물
감을 들인 무명치마를 입는다.

둘째, 설탕, 소금, 과일, 음료를 제외한 나머지 음식물은 모
두 우리 것을 사서 사용한다.

셋째, 일상용품은 우리 토산품을 사용하되, 부득이한 경
우 외국산품을 사용하더라도 경제적 실용품을 써서 가급
적 절약을 한다.

이 세 가지가 '조선물산장려운동'의 기본정신이었다. 이
는 우리 것을 사랑하고 애용하자는 정신적 애국운동이었
다. 또한 실천적인 면에서 '일본상품 배격운동'으로 연결
되어 경제적 항일저항운동의 성격을 띠게 되었다.

1927년, 조만식은 평양 지역의 신간회新幹會 결성에 적
극 참여하고, 신간회 평양 지회장에 추대되었다. 3·1운동

이후 일제의 탄압이 더욱 거세져 대부분의 독립운동가들이 해외로 나가 있었다. 이렇게 국내에서의 독립운동이 힘들어지자 국내 민족진영 일각에서는 절대독립에서 후퇴하여 자치독립이라도 하자는 운동의 기운이 일어났다. 그리고 새로이 대두한 사회주의 세력이 중국에서 단체를 결성하여 호시탐탐 국내 진입을 노리고 있었다. 이런 상황에서 개별적인 운동을 지양하고 단결된 독립운동을 추구하게 되었으며, 우익진영과 좌익진영이 민족협동전선의 일환으로 1927년 2월 신간회를 조직하였다.

조만식은 조선이 일제의 압박에서 해방되기까지는 전 민족이 한데 뭉쳐 투쟁해야 한다는 신념에 따라 신간회에 발기인으로 참여했을 뿐만 아니라, 창립 후에는 중앙집행위원으로 활동했다. 또한 평양 YMCA 안에 평양지회를 조직하여 지회장으로서 신간회 운동에 전력을 다하였다. 그리하여 조만식이 지도하는 평양지회는 기독교인들을 주축으로 한 민족진영이 신간회 활동을 주도할 수 있었다. 조만식에게는 오직 민족은 하나라는 신념뿐이었다. '분열'은 그가 가장 싫어하는 말이었다.

그러나 신간회는 조만식이 그렇게도 싫어하는 좌우익 간의 주도권 다툼과 노동계급 중심의 투쟁으로 인해 변질되었고, 좌익진영의 주장에 의해 1931년 5월 결국 중앙본부가 해체되었다. 이때 조만식은 신간회 해체를 적극적으로 반대하면서 사상을 초월한 민족화합으로 신간회 운동이 지속되어야 할 것을 강력히 역설하였다. 조만식에게는 오직 민족의 화합, 그것뿐이었다.

조만식은 어떤 상황 속에서도 기독교 정신을 바탕으로 이념에 관계없이 사회운동을 펼쳐나갔다. 그 대표적인 것이 '농촌진흥운동'이다. 조만식은 1927년 여름부터 평양 YMCA 농촌 사업에 착수하여 1929년에는 평양에 '기독교 농촌연구회'를 조직하여 적극적으로 참여하였다. 조만식은 우리나라 농촌운동의 토대를 다졌고 그의 제자들이 농촌으로 들어가 농촌 근대화에 큰 역할을 감당하였다.

조만식은 어려서부터 체육 활동에 강점을 가지고 있었다. 그는 1930년 평양에서 '관서체육회'를 설립하여 우리

나라 초창기 체육 발전에 공헌을 했다. 관서체육회는 조만식을 회장으로 하여 회원 수는 100여 명이었다.

관서체육회는 그 규모가 한 지방의 체육회의 수준을 넘어섰으며, 당시 경성의 조선체육회와 함께 조선 체육의 쌍벽을 이루는 단체가 되었다. 게다가 연 1회에 걸쳐 기술과 성품 및 행동 등 기타 각 방면에 걸쳐 모범이 될 만한 선수를 선발하여 표창하기도 하였다. 연중행사로는 전조선빙상경기대회(1월), 전조선축구대회(5월), 전조선씨름대회(6월), 전조선수상경기대회(7월), 서조선야구대회(8월), 관서체육회체육대회(9월), 전청양농구연맹전(10월), 전조선탁구대회(11월) 등이 있었다. 이밖에도 덴마크의 보건체조 보급을 위하여 '동명체조단'을 조직하여 남녀노소 누구나 다 같이 참여할 수 있게 하였고, 여름철에는 대동강 모래사장에서 일광욕과 수영 강습을 하였다.

조만식은 남들이 하기를 꺼려하는 것을 도맡아서 잘했다. 그 대표적인 것이 바로 장례위원장을 맡아 장례를 집행한 것이었다. 1930년 5월 9일에는 조만식에게 가슴 아픈 일이 있었다. 자신의 친아버지와도 같은 이승훈 선생이 돌아가신 것이다. 이 장례식은 사회장으로 치루어졌는데 조만식은 민족장으로 성대히 치루어야 한다고 주장했다. 그리고 장례의 전반적인 부분을 지휘했다. 그는 온 민족이 장례식을 통해 화합하고, 민족의식을 갖기를 원했다.

또한 1933년 백선행이 사망하자 조만식은 평양 시민들을 이끌고 자발적으로 장례식에 참여하여 애도하였다. 백선행은 자선 사업을 많이 한 여성 사업가였다. '선행'이라는 이름은 그러한 자선 활동 때문에 헌정된 이름이었다.

백선행의 기부 활동은 1908년 61세 때 대동강을 가로지르는 백선교 공사 기부로 처음 시작되었고, 1922년에는 평양에 3층 규모의 공공회관을 지었으며, 1923년과 1924년에는 각각 광선학교, 창덕학교에 땅을 기부했다. 그리고 성현학교에도 많은 땅을 기부하였다. 그리고 1925년, 백선행은 자기의 전 재산을 자선 단체에 기부했다. 민족 자산의 중요성을 알고 있고 물산장려운동을 벌였던 조만식은 이러한 행적의 백선행이야말로 민족의 모범이 되는 여인이라고 생각하고 앞장서서 장례를 주도한 것이었다.

그뿐 아니라 민족의 지도자인 도산 안창호의 장례도 조만식이 주도하였다. 1938년 3월 '수양동우회修養同友會 사건'으로 수감된 후 온갖 악형을 당한 안창호가 간경화 및 고문 후유증 등으로 별세하자 조만식은 일제의 감시와 방해 속에서도 안창호 장례위원회 위원장이 되어 서울에 올라와 장례를 집행하였다. 일제의 서슬이 시퍼런 서울 한복판에서 장례를 집행한다는 것은 모험이었다. 그러나 조만식은 일제의 눈을 신경쓰지 않고 과감하게 장례를 치렀다. 조만식은 그렇게 남이 자발적으로 나서지 않는 일에 적극 나서서 일을 처리하며 민족의 화합과 단결을 외쳤다.

조선일보 사장이 되다

한편 조만식은 신간회가 해체된 이후 11년간이나 봉사해
온 평양 YMCA 총무직을 사퇴하고 조선일보사 사장으로
영입되면서 서울로 활동무대를 옮겼다. 그렇게 오랜 기간
언론사 대표로 활약한 것은 아니었으나, 역시 겸손함은 계
속 이어나갔다.

1932년 11월 23일 조선일보 사장에 취임한 조만식은 고
문顧問 자리로 물러나기까지 8개월 남짓 짧은 기간 재직했
지만 폐간 직전에 몰린 조선일보를 끝까지 지켜냈다. 빚더
미에 올랐던 조선일보를 온갖 고초를 겪으면서 민족지로
지켜낸 것이다.

조만식이 8대 조선일보 사장에 취임한 직후인 1933년
초, 사환使喚으로 입사한 소년이 사장실에 들어갔다가 깜
짝 놀란 경험이 있다. 소년은 처음 사장실에 들어갈 때, 사

장님은 좋은 양복에 금테안경을 쓰고, 금시계를 차고, 상아
로 만든 지팡이를 들고 계실 것이라 믿었다. 그런데 자신의
상상과는 달리 시골서 갓 올라온 듯한 텁수룩한 어른 한 분
이 앉아 계셨다.

사환은 황당하고 어리둥절하여 말도 못하고 가만히 있
었다. 그러자 조만식이 물었다.

"왜, 무슨 일이 있는가?"

"네, 저… 사장님을 뵈려고요."

"그럼 얼른 말을 해야지. 왜 그러고 섰어?"

그제서야 그 사환은 이 어른이 사장님인 줄 알고 인사를
했다. 아무렇게나 깎은 머리, 텁수룩한 수염에 무릎까지 올
라오는 촌스러운 두루마기를 입고 있었고, 더욱 놀란 것은
버선에 고무신까지 신고 있었다. 허스키한 목소리에 앉아
있는 모습도 친근한 할아버지처럼 몸을 좌우로 흔들고 있
었다. 소년은 사장님의 겸손하고 친근한 모습에 자신도 모
르게 저절로 고개가 숙여졌다.

조만식은 신문사에 근무하는 동안 서울 청진동의 작은

여관에 투숙했다. 모르는 사람들은 집 없이 떠돌아다니는 불쌍한 사람이 머무는 줄로 착각할 정도였다. 사회의 저명 인사였음에도 그는 매우 검소했고, 다른 사람들 앞에서 체면을 내세우지 않았다. 신문사 사장으로 외부 사람들을 만날 기회가 많았는데도 시종일관 검소하게 무명 한복만 입었다.

조선일보 사장 재직 시절 조만식이 남긴 가장 중요한 업적은 신문사의 기본정신을 확고하게 제정한 것이었다. 1933년 4월, 조만식은 '정의 옹호, 문화 건설, 산업 발전, 불편부당不偏不黨' 등 신문 제작의 4대 강령을 밝혔다.

정의에 앞장서는 신문이 되겠다는 포부였고, 문화의 측면을 강조하겠다는 의지였으며, 언론으로서 산업 발전에 기여하겠다는 것이었다.

특히 '불편부당不偏不黨'은 조선일보를 이념이나 이해관계에 얽매이지 않는 중립지로 자리매김하는 획기적인 규정으로, 어떤 외부의 압박에 의해서도 흔들리지 않고 할 말은 한다는 의지와 자신감을 반영한 것이었다.

조만식은 신문사 사장으로 있으면서 문화의 중요성을 강조했고, 그리하여 당시 조선일보는 '문화신문'이라는 별칭까지 얻을 정도였다. 그리고 그는 신인 작가들을 발굴하고자 애썼다.

1933년, "신인을 구한다. 천재여, 내來하라"라는 표제와 함께 당시로서는 파격적인 거액 1,000원을 걸고 신인 작가를 현상 공모하였다. 당시 1,000원은 매년 쌀 10석을 추수할 만큼의 논을 살 수 있는 거액이었다.

조만식이 사장으로 있을 때에 조선총독부로부터 신사참배와 지원병제도에 협조하라는 요청이 왔으나, 조만식은 이를 모두 거절했다. 사장의 직위를 이용해서 일제와 야합하여 큰돈을 벌어들일 수 있는 기회였으나, 그는 야멸차게 거부했다.

많은 사람이 신문사의 글이라면 곧이곧대로 믿던 시대에 신문사 사장의 변절은 어마어마한 파급효과를 가져올 수밖에 없었다. 그리하여 조만식은 일제의 온갖 협박과 압력에도 굴하지 않고 버텨냈다.

조선일보 사장을 지낼 당시 고리대금업자 박 모 여인이 밀린 돈을 받으려고 조만식을 찾아와 온갖 욕설을 다 퍼부은 적이 있었다. 그러나 조만식은 "조선일보사는 민족의 신문사인데 당신은 위대한 일에 투자를 하신 것입니다. 당신이야말로 독립투사이십니다"라며 나라의 형편과 언론사의 중요성에 대해 이야기했다. 그랬더니 그 여인은 오히려 감화를 받고 돌아갔다. 조만식의 인격과 진심 어린 애국심에 탄복한 것이다.

한편 지속적으로 경영난에 시달리던 조선일보를 구하기 위해 조만식은 오산학교 교장 시절부터 알고 지내던 방응모에게 신문 인수를 권유했다. 당시 금광인 교동광산 경영으로 큰돈을 번 방응모는 조만식의 권유를 받아들여 1933년 3월 22일 경영권을 정식으로 인수했다.

그런데 방응모는 조만식을 너무나 존경해서 그다음 날 다시 조만식을 사장 자리에 앉히고 자신은 부사장으로 물러났다. 그리고 조만식과 방응모는 서로 친필 휘호揮毫를 남겼다. 방응모가 '제제다사(濟濟多士 재주 있는 많은 인재가 있

어야 한다)'라고 써내려가자 조만식은 '기인위보(其仁爲寶 인

을 보배로 삼아야 한다)'라고 화답했다.

농촌진흥운동의 전개

1933년 7월 19일, 조만식은 방응모에게 조선일보 사장 자리를 완전히 넘겨주고 고문顧問으로 물러났다. 그리고 그는 아무에게도 알리지 않은 채 평양으로 내려갔다. 자신은 신문사 사장으로서의 능력과 자질이 없다는 겸손함의 표시였다. 그는 자신에게 사장의 직분이 어울리지 않는다고 생각했다.

그는 다시 1년 만에 평양으로 돌아왔고, 농촌진흥이 곧 민족중흥이라고 믿어 농촌진흥운동을 재개하였다. 그는 독립운동의 주요 과제를 자립적인 민족경제의 수립에 두고, 농촌의 진흥으로 민족 독립의 굳건한 토대를 세워야 한다고 생각하였다. 따라서 그는 어디를 가든지 농촌이 부흥해야 한다고 역설하였다.

조만식은 그 무엇보다도 지도자 양성 문제가 농촌사업

중 가장 크고 중요한 사업이라고 강조하였다. 그리고 이상적인 농촌 공동체가 필요하다는 것을 강조했다. 경제 발전에 보탬이 되는 모범 농촌이 필요하다는 것이었다.

금강산에서 기독교 청년 대회를 열었을 때, 조만식은 "청년아, 농촌으로 돌아가라. 서울의 큰 빌딩 안의 좋은 의자에 앉아 빙빙 돌아가며 살기를 원하느냐? 민중에게로 돌아가라"고 외쳤다. 이 집회에서 청년들은 "조만식 선생의 그 말씀이 뼈에 사무친다"고 말했다.

조만식은 농촌진흥운동을 통해 일제 치하라는 상황이나 어떠한 이념에 관계없이, 이 땅의 젊은이들이 나아가야 할 올바른 방향과 일반 백성들이 자신의 권익을 옹호하면서 화합하며 살아가는 방법을 구체적으로 제시하였다.

조만식에게는 어떠한 이념이나 사상이나 당파가 없었다. 오직 민족의 화합, 그것 하나뿐이었다. 그러나 일제는 농촌진흥운동을 항일운동의 일환으로 간주하여 압력을 가함에 따라, 1937년에 결국 조만식의 농촌진흥운동은 끝을 보게 되었다.

이렇게 조만식이 하고자 하는 일마다 일제가 차단하고 방해를 했지만 조만식은 어떠한 상황 속에서도 유머와 여유가 넘치는 사람이었다. 그래서 조만식을 아는 사람들은 그를 '유머의 사람'이라고 말했다.

조만식은 다양한 사회활동을 하다 보니 다양한 사람들과의 인연이 많았다. 특히 기독교 정신으로 각종 사업을 벌이다 보니 기독교 인사들과의 접촉이 많았고 친분이 깊었다. 그중에서도 채필근 목사는 동경대학교 철학과를 나온 수재로서 조만식과는 서로 피를 나눈 형제처럼 지낸 사람이었다.

저녁 초대 자리에서 조만식과 채필근 목사가 함께 식사를 할 때의 이야기이다. 조만식이 먼저 와서 저녁 식사를 하게 되었고, 초대받은 채필근 목사가 늦게 들어왔다. 식사하는 방으로 들어가면서, 채필근 목사는 늦게까지 식사를 하는 조만식을 보면서 "조~! 만식晩食(늦게까지 식사하는 것)하는 사람 좀 보소!"라고 농담을 했다. 그러자 식사를 하고 있던 조만식은 늦게 들어오는 채필근 목사를 보고 웃으면서 "채! 필畢하기도 전에(저녁 식사가 마치기도 전에 온다는 의미) 오는 것 좀 보소"라고 답변했다.

조만식의 유머를 알 수 있는 또 다른 일화가 있다. 조만식이 해방 후 평양 고려호텔에 연금되었을 때의 일이다. 두 명의 남녀 제자가 연금된 조만식을 찾아가 찬송가를 부르며 위로하고 밤늦게 돌아갈 때가 있었다. "우리는 돌아가겠습니다" 하며 일어서는데 조만식은 제자들을 보고 웃으며 "청춘남녀가 밤늦게 둘이 같이 다니는 것은 위험한데…"라고 말했다. 연금 상황 속에서도 제자들을 격려하고 위로하는 유머와 여유가 있었다.

조만식은 나라와 민족을 위해서 충성을 다하였으나 가정적으로는 아픔이 많았다. 첫 번째 부인과 첫째 아들이 일찍 사망하고, 1935년 12월 18일에는 안타깝게도 두 번째 부인이 별세하였다.

그 뒤 아내를 잃고 혼자 살고 있을 때 주변의 소개로 옛 제자인 전선애를 다시 만나게 되었다. 전선애는 개성시 호수돈여자고등학교를 졸업하고, 이화여전 음악학과에 진학하여 피아노를 전공하였으며, 그 후 배화여자고등학교, 숭덕학교, 호수돈여자고등학교에 부임하여 교편을 잡은 신여성이었다. 전선애는 이 무렵 개성 호수돈여자고등학교 기숙사 사감으로 재직하고 있었으며 미국 유학을 준비하고 있었다. 그러나 유학을 포기하고 조만식을 다시 만난 지 3개월 만인 1937년 봄에 결혼하였다. 전선애는 자신의 꿈과 미래를 접어두고 자신의 스승이었던 조만식과 결혼을 한 것이다. 그녀는 다른 것은 보지 않고 오직 조만식의 인품을 보고 결혼을 결심하였다.

그렇게 시간은 흘러가고 일제는 패망하기 직전 최후의 발악을 했다. 민족지도자들에게 수단과 방법을 가리지 않고 일제에 협력하도록 강요한 것이다. 그래서 자의반 타의반으로 친일의 오물을 뒤집어 쓴 사회지도자들이 많이 생겼다. 그러나 조만식은 일제의 어떠한 공작과 협박에도 절대로 타협하지 않았다.

일본 경찰은 궁여지책으로 간계를 꾸미기도 했다. 신문에 조만식이 시국강연을 한다고 미리 보도를 해놓고 조만식을 강제로 끌고 나갈 계획이었다. 그러나 조만식은 목숨을 건 주변 사람들의 도움으로 평양연합기독병원에 위장입원을 하여 위기를 모면하였다.

1943년에는 일제가 지원병제를 실시하면서, 태평양전쟁에 조선 청년이 참전하는 것이 일본인과 동등해지는 길이라며 총독부가 조만식에게 협조 요청을 했다. 그러나 그는 단호히 거부했다. 총독부는 조만식을 이용하여 민심을 회유하려 했으나 실패하였고, 조만식은 지원병제를 반대하다가 구금되기도 하였다.

조만식이 어떠한 타협도 하지 않고 지조를 지킨 것은 미래를 바라보는 안목이 있었기 때문이었다. 그는 머지않아 일제가 패망하고 조국이 해방될 것을 확신했다. 그래서 그는 항상 사람들에게 이렇게 이야기했다.

"산을 높이 보아라. 보통 낮은 데에서 옆을 볼 때와 높은 산 위에 올라가서 옆을 볼 때 모든 것이 다르게 보인다. 높이 보아라. 그리고 더 멀리 원대한 앞을 보아라. 크게 봐라. 지금 당장은 암담하고 당장은 일본의 천지가 되는 것처럼 보이지만은 크게 보아라. 멀리 보아라."

그러나 일제는 조만식을 그냥 두려고 하지 않고 지속적으로 갖은 수단과 방법을 동원해 박해했다. 심지어 조만식의 이름을 도용하여 친일 연설문을 게재하기도 했다.

게다가 1944년, 조만식의 영적 멘토였던 주기철 목사가 순교하고 산정현교회가 강제로 폐쇄되는 일이 발생했다. 이러한 상황에 절망한 조만식은 결국 1945년 봄에 가족들을 데리고 강서군에 있는 고향으로 내려갔다.

일제의 등살에 시달리던 조만식은 결국 고향에 은거하여 농사를 지으며 세월을 보냈다. 그가 그렇게 진흥운동을 부르짖던 농촌에서 스스로 농사를 지으면서 시간을 보내게 된 것이다. 그리고 그는 아내에게 유언 같은 당부를 남겼다.

내가 여기서 죽을지 모르오. 내가 죽은 뒤에 조그만 비석을 세우고, 거기에 비문을 쓰지는 마시오. 그 대신 큰 눈을 두 개 새겨주시오. 그러면 저승에 가서라도 한 눈으로는

일본이 망하는 것을 보고, 또 한 눈으로는 조국의 자주독
립을 지켜보리라.

4장

목숨을 건 사명을 실천하다

Jo Mani Sik

건국준비위원회 창립

조만식은 죽기 전에 일제가 패망하는 것을 보게 되었다. 1945년, 마침내 온 민족이 갈망하던 조국 해방이 이루어졌다. 그때 조만식의 나이는 63세였다.

조만식은 해방의 소식을 아들에게서 처음 들었다. 시내에 나갔던 아들은 라디오에서 들리는 일본 천황의 항복 소식을 듣고 온몸에 땀을 뒤집어쓰며 40리 길을 단숨에 뛰어와 이 사실을 알렸다.

"아버님, 해방이 됐대요. 일본이 항복했답니다."

아들은 대문에 들어서기도 전에 소리쳤다. 그러나 조만식은 조용한 어조로 "그래" 하고 담담한 미소를 지으며 라디오 연설 내용을 몇 마디 묻고는 여느 때처럼 뒷동산에 올라갔다. 그리고는 깊은 사색에 잠긴 채 저녁 때가 다 되도록 내려오질 않았다. 조만식은 해방 이후의 정국에 대해 깊이 묵상을 했던 것이다. 이렇게 조만식은 지금 당장보다는 그 이후를 항상 염두에 두는 신중한 사람이었다.

해방이 되자 평양 시내는 온통 환희와 흥분으로 들끓고 있었다. 거리로 쏟아져 나온 시민들은 밤새도록 만세 고함을 질렀고, 잠시도 쉬지 않고 술을 마시며 잔치를 벌이는 사람들도 헤아릴 수 없이 많았다.

하지만 세상은 너무나 어수선해지고 질서를 통제할 장치가 없었다. 어떤 청년들은 일본인들의 집을 때려 부수겠다고 다 함께 몰려가기도 했다. 그리하여 일본인들의 집이나 상점들은 모두 굳게 문을 닫았다.

이렇게 해방이 되자 평양 사람들은 이 해방정국을 수습할 수 있는 사람으로 조만식을 거론하고, 조만식이 고향에서 속히 돌아오기를 바랐다.

그리고 그것은 패망한 일본도 마찬가지였다. 평남도지사였던 니시카와西川가 자신의 차를 보내서 조만식을 평양으로 모셔오려 했다. 자신의 모든 행정을 인계하려고 한 것이다. 하지만 고향에 있던 조만식은 일본인 도지사가 보낸 차를 타지 않고 돌려보냈다.

조만식은 "일본 도지사가 타던 차를 내가 탈 수 있겠는가? 조만식을 그 정도로밖에 보지 않았느냐?" 하고 나무랐다. 또한 "나는 인수를 맡을 자격이 있는 사람이 아니다"라고 하면서 심부름 온 사람을 곧바로 돌려보냈다.

그러고 나서 그다음 날 산정현교회의 오윤선 장로가 보낸 차를 타고 평양으로 귀환하였다. 그리고 8월 17일에 민족진영 중심의 '평남건준위(평안남도건국준비위원회)'를 창립하였고, 조만식이 그 위원장에 선임되었다.

건국준비위원회를 창립할 때 열혈 청년들이 정문 보초를 서게 되었다. 그때 조만식이 정문을 통과하면서 청년들에게 물었다.

"자네들이 들고 있는 것이 무엇인가?"

그때 열혈 청년들은 모두 목총을 들고 있었다. 청년들은 떨리는 목소리로 대답했다.

"목총입니다."

그러자 조만식이 강한 어조로 이야기했다.

"그러면 그 물건은 밖에 내다 놓고 들어오시오. 우리 민족에겐 총칼이 필요 없어요. 총칼을 휘두르는 자는 제 총칼에 망합니다."

당시는 치안 공백으로 인해 무차별한 보복 사건이 지속적으로 터졌다. 열혈 청년들이 고등계 형사였던 사람들이나 일본인 앞잡이 노릇을 했던 사람들을 끌어다 폭력을 가하는 일이 수시로 일어났던 것이다. 하지만 조만식의 머릿속에는 항상 평화와 화합만이 있었다. 그리하여 그는 시민들에게 간절히 호소하였다.

"여러분, 이렇게 무질서해서는 안 됩니다. 질서가 있어야 합니다."

그렇게 건국준비위원회 위원장이 된 조만식은 치안공백 상태의 혼란을 하나하나 정리해나갔다. 조만식의 정상화 호소에 호응하여 거리에서도 얼마 안 가서 질서가 회복되었다.

조만식의 강력한 지도 아래 학생들과 청년들이 변화되기 시작하였고, 그들은 거리의 교통을 정리해주는 등 치안에 협조하게 되었다. 또한 교회와 학교도 다시 문을 열었다. 당시 조만식의 말 한마디는 그렇게 큰 위력을 가지고 있었다.

반공노선의 조선민주당 창당

8월 26일, 소련군이 평양에 진주하기 시작하면서 많은 문제가 발생했다. 소련 군인들은 들어오자마자 부녀자들을 겁탈하였고, 약탈에 광분했다. 게다가 공산주의자들이 조직한 소위 '적위대赤衛隊'라는 불량배들까지 소련 군인들에 편승하여 날뛰는 바람에 시민들의 불안과 고통은 더욱 심했다.

시민들은 밤이면 동네 입구에 방어벽을 쌓고 소련군이 나타나기만 하면 꽹과리를 쳐 사람들에게 알리는 등 대책을 강구하기도 했다. 이제 겨우 일제로부터 벗어났는데, 해방의 시간이 며칠 지나기도 전에 소련군과 공산주의자들에 의해 또 다른 압박을 당하게 된 것이다.

조만식은 이런 소련군의 만행을 보고 치스차코프나 로마넨코 등 진주군 장성들에게 "당신들의 군대는 우리나라를 독립국으로 만들어주기 위해 임시로 진주한 것인데, 병사들의 이런 만행을 왜 다스리지 않느냐?"고 여러 번 항의했다. 하지만 그들은 시정하겠다는 말만 되풀이할 뿐 소련군의 만행은 계속되었다. 어떤 소련군 소령은 "이곳에 주둔한 병사들은 모두 범죄자들로 구성되어서 그런 만행을 하는 것이지, 모든 소련군이 다 그런 것은 아니다"며 말도 안 되는 항변을 늘어놓기도 했다.

그러고 나서 소련 정부가 주축이 되어 겸이포兼二浦의 제련소, 진남포鎮南浦의 제철소, 흥남興南의 비료공장 등 공업설비를 마구 뜯어갔으며, 식량도 수백만 섬씩 마음대로 실어갔다. 일제로부터 해방된 이후에 다시 소련으로부터 무참히 침탈을 당하며 약소민족의 서러움을 당해야 했다.

소련군은 평양에 들어오자마자 조만식 중심의 건국준비위원회의 개편을 단행했다. 민족진영뿐만 아니라 공산진영 측에서도 대표를 내세운 것이다. 이때부터 건국준비위원회의 명칭을 무엇으로 할 것인가 하는 문제로부터 시작하여 민족진영와 공산진영은 대립하기 시작했다. 다른 지방은 공산진영의 주장대로 '인민위원회'가 되었으나, 평안남도는 조만식의 위상이 있었기에 '인민정치위원회'로 타협을 보았다. 민족진영 16명과 공산진영 16명으로 '평남인민정치위원회'로 개편된 것이다. 여기서도 조만식은 위원장이 되었고 숙소인 고려호텔에서 집무하기 시작했다. 하지만 고려호텔이 조만식의 마지막 거주지가 될지는 아무도 몰랐다. 그렇게 강제로 위원회를 개편한 소련군은 인민정치위원회를 사사건건 간섭하고, 민족진영의 발언은 지속적으로 묵살하였으며, 공산진영 측의 발언만 지지하였다.

공산진영 측에서는 앞으로 수립될 국호를 '인민공화국'으로 해야 할 것이며, 지주의 토지는 무조건 몰수해야 한다는 주장을 하였다. 이에 주로 기독교인으로 구성된 민족진영은 공산주의자들과는 함께하기 어렵다는 판단을 하게 되었다.

결국 소련군이 평양에 진주하여 공식적으로 가장 먼저 한 일은 민족진영 중심의 평남건준위를 해체하는 일이 되어버린 셈이다. 조만식은 참으로 마음이 아팠다. 자신이 위원장으로 있으면서도 소련군에 끌려다녀야만 하는 위원회의 모습이 안타깝게만 느껴졌다.

그래서 그는 군중대회를 통해 이런 연설을 했다. 조만식의 연설은 모든 군중에게 감동을 주었다.

나는 가족들에게 유언하기를 내가 죽으면 비석에 아무 글도 쓰지 말고 눈을 두 개 새겨두라고 일러두었습니다. 왜냐하면 그 눈 하나로는 일제가 망하는 꼴을 보아야 하기 때문이며, 또 다른 눈으로는 우리 대한이 완전 독립하는 모습을 보기 위함이었습니다. 그러나 지금은 눈 하나만 그려놓아도 됩니다. 왜냐하면 일본이 패망한 꼴을 보았으니 이제는 우리나라가 완전 자주 독립하는 날만 보면 족하기 때문입니다.

조만식은 소련군에 의해 억압당하는 현실을 개탄하며 자주 독립을 주창한 것이었다.

그러던 중 10월 중순에 소련군이 전적으로 지지하는 김일성이 조만식을 찾아와 면담을 하였다. 김일성은 조만식을 설득하기 위해 처음 만났을 때부터 '선생님'이라 깍듯이 부르며 큰절을 올리기도 하고 여자 접대원이 딸린 고급 요정으로 초청해 성대히 대접하기도 했다. 조만식을 회유하고 자신의 편으로 만들려는 수작이었다.

그러나 조만식은 독실한 기독교인이었다. 김일성은 세상적 방식으로 접근하여 조만식을 설득하려 했지만 그것이 오히려 조만식으로 하여금 혐오감만 낳게 했다. 조만식은 남북이 분단된 상태에서 북한에만 공산주의 정당을 만들자는 김일성의 설득을 매우 못마땅하게 여겼다. 조만식에게는 민족 전체가 중요했다. 민족 전체가 하나가 되어 자주 독립 정권을 이루는 것이 확고부동한 목표였다. 결국 김일성은 독단적으로 '조선공산당'을 창당하게 되었다. 그리고 김일성은 호시탐탐 조만식을 죽일 기회를 찾았다.

김일성의 협력 제안을 거절하고 난 이후인 10월 하순, 조만식과 민족주의자들은 조선공산당의 대안이 될 수 있는 정당의 창당을 논의하기 시작하였다. 그래서 1945년 11월 3일, 조만식은 민족계열이자 최초의 기독교 정당인 '조선민주당'을 창당하였다. 조만식은 조선민주당의 당수黨首가 되어 반공노선을 펴기 시작했다.

조만식은 이렇게 평양에서 정치 활동을 하면서 특별히 깨끗한 재정을 강조했다. 정계는 후원금을 잘 가려 받아야지 아무거나 다 받아서는 안 된다고 특별히 강조한 것이었다. 그 당시 해방이 되자 여러 계통에서, 특히 친일파와 일본인한테서 뇌물이 많이 들어왔다. 그래서 그 검은돈을 받고 친일 행적을 눈감아 주어 친일파들이 버젓이 지도자 행세를 하는 사례가 있었다.

이런 모습을 보고 가만히 있을 조만식이 아니었다. 그래서 조만식은 늘 깨끗한 재정을 강조했다. 아무리 재정이 열악해도 일제의 앞잡이 노릇을 했던 자들의 검은돈을 받을 수는 없다는 것이다. 조만식은 절대로 진리와 거짓이 타협하는 것을 원하지 않았다.

조선민주당은 지방까지 조직을 체계화시켜 나갔다. 그

래서 순식간에 50만 명의 당원을 확보하는, 놀랄 만한 당세 확장을 이루었다. 그렇게 조선민주당은 창당 수개월 만에 50만 당원을 확보할 정도로 열렬한 지지를 받았다. 당원 대부분은 조만식의 인품과 독립국가 건설에 대한 순수한 염원을 보고 입당한 것이다. 조만식의 지지기반은 주로 기독교 세력과 자산 계급이었다.

조선민주당이 이처럼 짧은 기간에 놀라운 발전을 한 것은 거의 전적으로 조만식의 명망 덕분이었다고 봐야 할 것이다. 그러면서 조만식은 민족의 독립과 남북의 통일을 추구하였기 때문에, 북쪽만의 정권을 구성하는 데에는 유보적인 입장을 표시하고 있었다. 조만식은 어디까지나 "중앙에 단일 통일 정부가 설 때까지 우리는 지방의 조직으로 유지해야 한다"고 하면서 북한만의 정권 수립은 절대적으로 반대하였다.

이것을 본 소련 당국은 당황하기 시작하였다. 조선민주당을 공산당의 산하 정당 정도로 할 심산이었는데, 이와 같이 당세가 불길처럼 일어나자 겁을 먹기 시작했다. 그리고 각 지방마다 공산당의 만행에 대한 대항투쟁이 벌어지면서 많은 문제가 발생하는 것을 보고는 소련 당국은 은연중에 조선민주당의 활동을 방해하고 탄압하기 시작하였다. 조선민주당의 활동은 그렇게 위축당하기 시작하였다. 지방에서 공산당과 충돌하는 여러 가지 사건들에 대해서도 공산당의 배후에는 강력한 무기가 있는 소련군이 있었기 때문에 속수무책이었다.

그러나 조만식은 "끝까지 조선민주당의 등불은 꺼서는 안 된다. 불이 약해지더라도 불을 꺼서는 안 된다. 그러면 우리의 노력은 후세가 평가해줄 것이다"라고 역설했다.

조만식과 그의 지지자들은 소련의 북한 점령 과정에서 공산주의자들과 더욱 심하게 충돌하게 되었다. 시간이 흘러감에 따라 평양에는 공산당이 정치 활동을 주도하게 되었고, 조선민주당은 공산당과 대결하게 되었다.

이런 과정에서 조만식은 항상 인화단결人和團結에 중점을 두고 생활했다. 이렇게 외부적으로 핍박이 심할수록 내부적으로 단결하고 화합해야 한다는 것이 조만식의 지론이었다. 그래서 서울에서 사분오열되는 정당과 정치인들의 소식을 들을 때마다 "왜 저렇게 화합하지 못하는지 모르겠다"며 한숨을 쉬곤 했다.

신탁통치 반대 운동

1945년 12월 말, 모스크바에서 미국, 영국, 소련의 외무장관 회의인 '삼상회의三相會議'가 열렸다. 제2차세계대전이 종결된 후 전후戰後 문제를 처리하기 위한 회의였다. 그런데 그 회의에서 결정된 내용이 이른바 '한국에 대한 신탁통치信託統治'라는 것이 알려졌다.

신탁통치의 내용인즉슨 당장 독립할 형편이 못 되니 5년 동안 국제 신탁을 받아야 한다는 것이었다. 해방을 맞이하여 기뻐하고 있는 온 민족에게는 청천벽력 같은 소식이었다.

이 결정에 대해서 어느 누구도 찬성하는 사람은 없었다. 처음에는 공산주의자들까지도 다 반대하였다. 그러나 공산주의자들은 하룻밤 사이에 태도가 돌변해서 신탁통치를 찬성하고 나왔다. 이것은 공산당의 수뇌인 모스크바의

지령에 의한 것이었다. 이것이 조선공산당의 치명적 약점이었다.

공산당이 태도를 돌변하여 찬탁으로 선회함에 따라, 공산당 측의 실세이자 조만식의 제자였던 최용건은 조만식을 찾아와 신탁통치에 찬성해줄 것을 열아홉 번이나 요청하였다. 옛 스승이었고 조만식의 인품을 잘 알기에 제거하기보다는 설득하려 애썼던 것이다. 그러나 조만식은 끝까지 거절하였다. 절대로 역사 앞에 인정할 수 없는 것은 받아들일 수 없다는 단호한 각오였다.

그러자 공산진영은 조만식을 민족반역자로 날조하고 매도하기 시작하였다. 공산진영과 민족진영은 찬탁과 반탁으로 나뉘어 심각하게 대립하게 되었으며, 이로 인해 결국 공산진영은 좌파로 민족진영은 우파로 갈라서는 계기가 되고 말았다.

그리고 우파 인사 대부분은 월남하게 되는 사태가 벌어지는데, 이때 이윤영 부당수도 월남하여 1946년 1월 서울에서 조선민주당을 재창당하게 되었다. 이에 따라 북한에서는 민족진영이면서 비공산당 계열 지도자로는 유일하게 조만식만 남아 있게 되는 상황이 되었다. 그렇게 민족계열 지도자들은 모두 떠나가고, 조만식은 홀로 고독해지기 시작했다.

신탁통치 문제로 소련군 사령관과 김일성이 직접 고려호텔로 조만식을 몇 차례씩 찾아왔다. 그들은 조만식만 찬성하면 모든 일이 쉽게 결정될 것으로 생각했기 때문에 조만식을 집중적으로 회유하고 강압하였던 것이다. 소련군 사령부는 "우리말만 잘 들으면 당신을 이곳의 스탈린으로 만들어주고, 김일성은 국방이나 담당케 하겠다"며 조만식을 회유했다.

그러나 조만식은 완강히 거부했다. 1946년 초, 치스차코프 장군과 로마넨코 장군 및 코브젠코 소령이 새해 인사를 하러 조만식을 찾아와서는 또다시 신탁통치 결의안을 지지해줄 것을 강요하였다. 로마넨코 장군은 신탁통치가 아니라 '보호'하는 것이라는 등의 감언이설로 회유했지만 조만식은 응하지 않았다.

조만식은 이 결의안에 서명하는 것을 완강히 반대했을 뿐만 아니라 이 문제를 논의하는 것 자체를 반대했다. 그러자 치스차코프 점령군 사령관은 "신탁통치 결정서에 서명만 해주면 조선의 대통령으로 만들어주겠다"고 조건을 제시하였으나 조만식은 받아들이지 않았다. 그러자 치스차코프는 "죽일 놈! 어쨌든 결국 서명하게 될 거야. 그렇지 않으면 다른 방법을 쓸 수밖에!"라고 소리치며 자리를 박차고 나가버렸다.

　또한 소련 군정청장 겸 극동사령부 정치위원 스티코프도 조만식을 찾아와 "당장 신탁 지지 성명을 내라"고 요구하였으나 조만식은 완강히 거절했다. 이에 흥분한 스티코프가 권총을 빼들고 위협하였다. 그러자 조만식은 자신의 한복 옷자락을 헤쳐 보이며 "그래, 쏠테면 쏘아라"고 맞받아쳤다. 그 기개에 질린 스티코프는 결국 얼굴만 붉히고 되돌아갔다.

　이러한 일이 몇 차례 반복되다 조만식이 당수로 있는 조선민주당의 태도를 확실하게 결정하라고 그에게 협박하였다. 그러자 12월 중순 조선민주당은 중앙위원회를 열어 "신탁은 지지할 수 없다"고 선포하고 다시 한 번 강력하게 신탁통치 반대를 다짐하였다.

1946년 1월 5일, 평안남도 인민정치위원회에서 회의가 열렸다. 소련 군부는 이 자리에서 신탁통치에 대한 찬성 결의를 독촉하였다. 무장한 소련 군인들이 살벌한 눈으로 지켜보고 있는 가운데 소집된 회의에서, 인민정치위원회 위원장인 조만식은 책상을 주먹으로 치면서 다음과 같은 연설을 했다.

우리가 '해방의 은인 연합군 만세! 해방의 은인 붉은 군대 만세!' 하며 환영한 것은 우리를 일본 제국주의로부터 해방시켜 자주 독립 국가를 수립하도록 했기 때문이었는데, 또다시 5년간 신탁통치를 한다는 것은 우리를 모독하는 처사이며 일제도 우리를 보호해준다면서 찬탈한 것과 같은 반민족적 행위이므로 나는 이 안건을 의제로 상정할 수 없다. 내가 인민정치위원회 위원장으로 있는 동안에는 모스크바 결정에 찬동할 수 없다.

또한 조만식은 구체적으로 조목조목 신탁통치의 반대 이유를 밝혔다.

첫째, 신탁을 찬성하거나 반대하거나 모든 의사는 우리 한국인의 자유이어야 한다. 그런데 신탁통치를 찬성만 하라는 것은 도대체 무슨 뜻인가? 아무리 군정이라 해도 언론이나 의사 표시를 제한하는 것은 민주주의 원칙에 어긋난다.

둘째, 무슨 구실을 붙이더라도 신탁통치라는 것은 어떤 나라가 남의 나라 정치에 대해서 간섭하는 것이다. 그렇기 때문에 우리나라의 주권과 이익을 주장하는 것은 당연하다. 후원제 통치라고 변명하지만 그 내용이 신탁통치와 완전히 다르지 않는 이상 결국 마찬가지가 아니냐?

셋째, 우리나라의 완전 독립을 진실로 원조하려는 호의라면서 신탁통치는 왜 강요하는가? 카이로선언이나 포츠담

선언에서도 우리나라에 신탁통치를 실시한다는 조건이
있었다는 말을 듣지 못했다. 모스크바 삼상회의 결정은
이런 의미에서 잘못된 국제협정이다.

이런 강력한 연설을 하고 퇴장한 조만식의 뒤를 따라 나
온 소련 군인은 조만식의 친위대를 무장해제시켰다. 조만
식은 이날부터 고려호텔에 연금되었으며, 이후 공식적인
정치 행위를 일절 할 수 없게 되었다. 그리고 그는 정권을
잡은 김일성 세력에 의해 곧바로 인민정치위원회 위원장
에서도 축출되고 말았다.

조만식은 이런 날이 올 것을 예견하고 미리 며칠 전에
아들을 불러 미리 써두었던 편지 석 장을 내주면서 서울로
탈출하라고 이야기했었다. 그 편지는 이승만 박사와 김구
주석 등 앞으로 된 친서였다. 조만식은 아들이 장성한 뒤로
는 처음으로 "목욕이나 같이 하자"고 하면서 계획을 이야
기했다.

그러고는 "이 일이 끝난 다음 나 때문에 다시 평양에 올

생각 말아라. 그리고 특별한 용건 없이 서울 정계의 인사들을 방문하지 말아라"는 엄명도 함께 내렸다. 그것이 아들과의 마지막 정겨운 목욕이자 대면이었다.

조만식을 연금시킨 김일성은 조만식을 반동으로 규탄하고 조선민주당을 접수하였다. 그리고 2월 24일 최용건을 당수로 임명하였다. 한편 조만식이 조선민주당에서 강제 축출되자 최용건은 조만식을 '일본인의 신민이 되는 것을 칭찬하고 격려한 사이비 민족주의자'라고 격렬하게 성토했다. 아버지 같은 스승에게 은혜를 원수로 갚는 순간이었다.

조만식이 오산학교 교장으로 있을 때 이 학교를 다녔던 최용건은 처음 조만식을 만났을 때는 그렇게 공손할 수가 없었다. 접견실에 조만식이 들어서자 의자에서 얼른 내려와서 무릎을 꿇고 넙죽 큰절을 했다.

"선생님의 명성은 잘 들어왔습니다. 해외로 도피하시지 않고 국내에서 끝까지 무저항 불복종하신다는 말씀을 들었습니다. 앞으로 선생님의 수족이 되어 무엇이든지 하겠으니 하명만 해주십시오."

　그러던 자의 태도가 완전히 바뀌어서 조만식을 질타하고 있는 것이었다. 이렇게 공산주의자들이 주도권을 쥠으로써 반탁운동의 중심이던 조선민주당은 찬탁의 거점으로 돌아서게 되었다.

5장

시대의 스승, 숭고한 죽음을 맞다

Jo Man-Sik

연금 생활과 가족들의 월남

한편 1946년 2월 1일, 남한에서는 비상국민회의非常國民會議가 결성되었는데 조만식은 김구, 김규식, 이승만, 권동진, 김창숙, 오세창, 홍명희 등과 함께 대의원에 선출되었다. 남한에서는 조만식을 남쪽으로 데리고 올 계획을 세웠던 것이다.

그러던 차에 미군정청의 브라운 소장이 방문하여 남쪽으로 갈 것을 적극적으로 권유하였다. 그러나 조만식은 브라운에게 "나는 북한 일천만 동포와 운명을 같이 하겠소. 어떻게 이 동포들을 놔두고 나 혼자 갈 수가 있소. 그럴 수는 없소. 죽어도 못 떠납니다. 제가 어떻게 떠날 수 있습니까?"라며 월남 권유를 거절하였다.

그런데 조만식에게 남쪽으로 갈 것을 권유한 것은 이번만이 아니었다. 그 이전부터 꾸준하게 접촉이 있었다. 해방

초기에도 여운형, 김규식 등으로부터 남한으로 내려오라는 권유가 있었으며 김일성 세력과 마찰을 빚던 시기부터는 남한의 반공 우익 세력들과 미군정, 월남한 기독교인들은 반탁 운동의 기수로 신망이 높은 그를 월남시키려는 노력을 계속했다. 하지만 조만식은 북녘의 동포들을 버리고 혼자 내려갈 수 없다며 월남을 거부했다.

북한에 공산당이 득세한 것을 목격하고 월남한 사람들은 "남쪽이 너무도 어지럽고, 또 남쪽에 있는 정치가에게만 맡겨놓아서는 도저히 수습할 수 없다. 우리 민족은 우리 사상과 우리의 손으로 독립을 해야지 절름발이 독립을 해서는 안 되겠다. 유일한 대안은 조만식 선생님밖에 없다"며 몇 사람을 다시 월북하도록 하여 조만식을 서울로 모셔 오려 했다. 그러나 조만식은 거절했다. 북한 동포를 두고 갈 수 없다는 것이었다.

남한의 지도자 여운형도 밀사를 파견하여 조만식을 데려오고자 했다. 밀사는 1945년 9월 초 평양에 도착했고, 인민군과 소련군의 삼엄한 경비를 피해 이른 새벽 조만식을 만났다. 조만식은 많이 쇠약해져 있었다. 밀사가 "여운형 선생이 보내서 왔다"며 밀서를 건네자 조만식은 한참 동안 읽은 뒤 밀사의 두 손을 잡고 흐느끼며 말했다.

"가는 것이 옳지만 내가 떠나면 여기에 남은 백성은 누가 돌본단 말인가? 여기가 내 일할 곳이요 종점이니, 여기남아 죽더라도 이 사람들을 보살피겠다. 평양의 일이 중대하여 떠날 수 없는 대신 몽양(여운형)이 하는 일을 여기서나마 협력하겠다고 전해달라."

1945년 11월, 이승만 박사도 편지를 써서 평양에 있던 조만식에게 전달한 적이 있었다. 월남해서 함께 일하자는 내용이었다. 그러나 조만식은 "이곳 민중들을 위해서 나라도 여기 머물러 있어야 합니다"라며 정중하게 사절했다.

그러나 이승만 박사는 포기하지 않고 직접 조만식을 남쪽으로 부르기 위해 밀사까지 파견했다. 조선물산장려회 부회장과 신간회 평양지부 부회장을 맡으면서 조만식을 도왔고, 해방 후 첫 평양 시장을 맡은 후 월남하여 미군정청 하에서 대법관을 지냈던 한근조를 두 번이나 평양으로 보내 조만식을 데려오려고 했다.

그러나 조만식은 자기를 믿고 있는 이북 사람들을 버리고 갈 수가 없다고 하면서, 죽으나 사나 평양을 떠날 수 없다는 각오를 단호히 말했다. 조만식은 모든 사람이 자신의 거주지에서 충성을 다하는 것이 바람직하다고 생각했다. 그렇기에 자신이 있어야 할 곳은 북한 땅이라고 생각한 것이다.

"중앙(서울)에 너무도 사람들이 많이 모인 것 같다. 지방 사람들이 자기 고향을 내버려두고서 서울에서만 활동하면 어떻게 되겠느냐? 앞으로 독립 국가를 건설해서 운영해 나가려면 모든 사람이 있어야 할 자리에 있어야 하고 생활할 곳에 가서 생활해야지 중앙에만 다 몰려 올라가면 자기 고장은 비어버리게 된다."

심지어 그의 제자들이 탈출 계획까지 세웠으나 그는 여전히 거절했다. "나는 이 땅 일천만 동포와 살아도 같이 살고, 죽어도 같이 죽을 것이다. 이것이 내가 섬기는 하나님께서 명하신 것이다"라며 거절했다.

수많은 월남 제의를 거절한 조만식은 고려호텔에 감금되어 교도소와 같은 통제된 생활을 할 수밖에 없었다. 북한은 내외 방문객들에게 조만식이 고급호텔에서 좋은 대접을 받고 있다고 선전했지만, 이는 명백한 감금이었다.

  감금의 날짜가 계속되면서 조만식에 대한 대우도 조금씩 변하기 시작하였고, 식사에 잡곡을 섞기 시작하였다. 먹는 것으로부터 탄압의 강도를 높여가기 시작한 것이다.

  어느 날 목욕탕에 들어가는 것을 보조하던 비서들은 마음이 아팠다. 조만식의 몸이 수척해진 것을 보고 비서들이 "잡곡을 먹어서 그런지 배가 아픕니다. 잡곡을 섞지 말라고 부탁해주십시오"라고 간청을 했더니, 조만식은 "나는 괜찮다"고 거절하였다. 비서들이 자신을 염려하는 것을 미리 읽고 답한 것이었다. 그렇게 조만식은 자기보다 남을 더 생각하는 사람이었다.

  조만식은 나 하나만의 운명보다 공산치하에 억눌려 살면서 자유를 동경하는 많은 북한 동포의 운명을 더 걱정스러워했다. 그렇게 1946년 1월 5일 고려호텔에 연금된 것을 시작으로 한국전쟁 때까지 보이지 않는 감옥에 투옥되어 있었다.

1948년 남한과 북한의 단독정부 수립이 확실시되자 조만식은 밀사를 보내서 그의 가족을 평양에 있는 고려호텔로 찾아오게 했다. 조만식은 자신의 최후를 예견하고 미리 자신의 머리카락을 잘라 두었다. 그러고는 면회 시간에 자신의 머리카락과 머리카락을 자른 일시를 적은 쪽지를 담은 흰 편지봉투를 아내에게 건네주었다.

그리고 조만식의 부탁으로 아내 전선애는 호텔에 놓여 있던 피아노로 찬송가를 연주하였다. 피아노를 전공한 아내는 찬송가를 연주하며 마지막 이별을 고했다. 그 사이 조만식은 세 자녀를 데리고 방으로 들어가 기도한 뒤 눈물의 작별인사를 나누었다.

북한에서는 반동분자로 간주된 사람의 자녀들에 대해서는 초등학교 이상의 교육을 봉쇄하려 하였다.

"아이들을 눈 뜬 장님으로 만들지 마라. 위험이 따르겠지만 서울로 데려가서 공부를 시키는 것이 좋겠다."

조만식은 아내에게 아이들과 함께 서울로 떠날 것을 당부하였다. 장남은 이미 조만식의 친서를 들고 서울로 가 있는 상태였고, 나머지 식구들은 북쪽에 남아 있었다. 그렇게 전선애는 조만식이 건네준 머리카락을 품에 간직하고 세 자녀와 함께 월남하였다.

1948년 5월, 김구는 남북협상을 마치고 돌아가는 길에 김일성에게 조만식을 데리고 가게 해줄 것을 부탁하였으나 김일성은 자신에게는 권한이 없다며 주둔군 당국의 양해가 있어야 된다며 거절하였다.

또 한 번의 기회가 있었다. 1950년 6월 10일, 한국전쟁이 발발하기 보름 전에 북한에서는 김삼룡, 이주하를 조만식과 38선에서 교환하자고 제안했다. 남로당 지도자 김삼룡, 이주하는 남한 형무소에 수감되어 사형 집행을 기다리고 있었다. 전쟁을 앞두고 남로당의 고위급 지도자들을 구해내려는 의도였던 것이다. 이것은 북조선 부수상 겸 외무상인 박헌영의 강력한 요구에 따른 것이었다. 1950년 6월 16일 이승만은 북에서 먼저 보내라는 요구를 했고, 6월 18일

북측에서는 동시교환을 주장했다. 한동안 공방을 되풀이 하다가 결국 성사되지 못했다. 이것이 조만식이 남쪽으로 올 수 있는 마지막 기회였다.

원수마저도 사랑한 사람

한국전쟁 발발 후인 1950년 10월 15일, 조만식은 북한 내무성 안에서 내무서원들에 의해 살해되었다고 전해진다. 유엔군의 반격으로 북한이 중국으로 일시 후퇴할 때 김일성의 명령으로 처단되었다는 것이다.

그들이 후퇴하면서 감옥에 있는 정치범들을 어떻게 할 것인가 하는 문제가 발생했고, 당시 평양 형무소 소장이던 주광무가 이 문제를 문의하자 김일성은 조만식을 포함한 정치범들을 처단하라고 명령을 했다는 것이다. 유엔군의 평양 입성 하루 전인 10월 15일 대동강변에 있는 내무성 정보처에서 한규만 소좌가 지휘하는 내무서원들에 의해 피살된 것으로 전해지는데, 이때 조만식은 68세였다.

당시 조만식은 극심한 심적 고통과 심장 쇠약에 복막염이 겹쳐 남평양의학대학 부속병원 특별실에 입원해 있었다. 유엔군의 참전으로 전세가 역전되자 북한 정권은 내무성 구락부에 그때까지 감금해 두었던 재북 저명인사와 종교인들을 모두 집결시키고, 병상에 누워 있던 조만식마저 그곳으로 옮겼다. 그곳에서 그들은 조만식을 포함한 이들을 살해한 후 대동강변에 구덩이를 파고 일부 시체는 가매장하고 일부는 그대로 두고 도망쳐버렸다.

그러나 조만식의 최후는 여전히 베일에 싸여 있다. 그렇게 조만식은 마지막 생애를 아무도 알아주지 않는 가운데 끝까지 절개를 지키다가 마감했기에, 그의 삶이 더욱 고귀해 보이는 것이다.

조만식은 하나님의 계명을 온전히 실천한 진정한 신앙인이었으며, "원수를 사랑하라"는 계명을 진실로 지켰다. 일본이 우리나라를 강탈하고 온갖 탄압 정책을 자행할 때에도 그는 한 번도 '왜놈'이니 '일본 놈'이니 하는 상스러운 말을 쓰지 않았다. 해방 후에도 일본 사람들에게 어떠한 보복을 가하는 것을 반대하며 "물러가는 일본인들을 절대로 해치지 마라"고 했다. 해방 후 일제보다도 악랄한 공산치하에서 반탁투쟁에 앞장서면서도 그는 공산주의자들을 미워하지는 않았다. 그의 나라 사랑은 신앙에서 기인했고 그의 신앙의 중심은 십자가에 나타난 사랑과 평화였다. 그는 민족과 나라를 사랑하되 그보다 먼저 사랑과 평화를 실천한 박애주의자였다. 그는 민족과 나라와 세계를 사랑한 참된 지도자이자 스승이었다.

천재 시인 김소월도 일제시대에 오산학교에서 공부하였으며, 조만식의 제자였다. 김소월은 오산학교 재학 시절에 체조를 제외하고는 어느 과목에나 우등을 하였다. 조만식은 이렇게 재주 있는 김소월을 인자한 웃음을 띠고 머리를 쓰다듬어주면서 칭찬하였고, 미래를 축복해주었다. 오산학교를 통해 조만식을 만난 사람들은 누구나 감동을 받고 변화된 인생을 살게 되었는데 천재 시인 김소월도 그 마음이 흐리고 어두울 때 스승 조만식을 만나 인생 변화를 체험했던 것이었다.

김소월이 조만식을 기리며 일제의 탄압을 피하면서 쓴 〈제이·엠·에스〉라는 시가 있다. 여기서 '제이·엠·에스'

는 조만식의 영문 약자를 가리키며, 김소월은 시 본문에서
조만식을 이렇게 묘사했다.

　평양서 나신 인격의 그 당신님 제이·엠·에스
　덕 없는 나를 미워하시고
　재주 있던 나를 사랑하셨다.
　오산五山 계시던 제이·엠·에스
　십 년 봄 만에 오늘 아침 생각난다.

　근년 처음 꿈 없이 자고 일어나며
　얽은 얼굴에 자그만 키와 여윈 몸매는
　달은 쇠끝 같은 지조가 튀어날 듯
　타듯 하는 눈동자만이 유난히 빛나셨다.
　민족을 위해서는 더도 모르시는 열정의 그 임,

　소박한 풍채, 인자하신 옛날의 그 모양대로
　그러나 아아, 술과 계집과 이욕에 헝클어져

십오 년에 허주한 나를

웬일로 그 당신님

맘속으로 찾으시오? 오늘 아침.

아름답다. 큰 사랑은 죽는 법 없어,

기억되어 항상 내 가슴속에 숨어 있어,

미쳐 거스르는 내 양심을 잠 재우리,

내가 괴로운 이 세상 떠날 때까지.

생애 연보

1883   평안남도 강서군 내동에서 외아들로 출생하다.

1897~1904   포목상, 지물상에 종사하다.

1904   기독교 신자가 되고, 금주 · 금연을 하게 되다.

1905   평양 숭실중학교에 입학하다.

1910   일본 메이지대학 전문부 법학과에 입학하다.

1911   동경 조선 YMCA 이사장으로 부임하다.

1913   일본 메이지대학 전문부 법학과를 졸업하다.

1915   오산학교 교장에 취임하다.

1919   3 · 1운동의 지방 주동자로 활약하다.

1920   평양에서 조선물산장려회를 창립하다.

1921   평양 YMCA 총무로 부임하다.

1923   평양 산정현교회 장로로 장립되다.

1932   제8대 조선일보 사장으로 취임하다.

1945   건국준비위원회를 창립하고, 위원장에 추대되다.

1946   신탁통치 반대 운동을 전개하다.

1950   한국전쟁 중 공산당원에 의해 피살당한 것으로 알려져 있다.

참고문헌

- 김양선,《한국 기독교사 연구》, 기독교육사, 1971.
- 송삼용,《고당 조만식 : 하나님이 보낸 사람 민족지도자》, 생명의 말씀사, 2006.
- 신재홍,《조만식과 조민당》, 월간조선, 1985. 8.
- 오병학,《조만식》, 규장, 1994.
- 오영진,《조만식》, 양우당, 1985.
- 유병용 외,《근현대 민족주의 정치사상》, 경인문화사, 2009.
- 이만열 외,《한국 기독교와 민족운동》, 종로서적, 1986.
- 장규식,《민중과 함께 한 조선의 간디 : 조만식의 민족운동》, 역사 공간, 2007.
- 조만식기념사업회,《고당 조만식 회상록》, 조광출판인쇄, 1995.
- 조영암,《고당 조만식》, 민교사, 1953.
- 최흥규,《조만식》, 동서문화사, 1984.
- 한근조,《고당 조만식》, 태극출판사, 1972.

믿음의 거장 시리즈

기독교 역사를 바꾼 영적 거장의 생애를 읽는다!

설교, 목회, 신학, 기도, 선교, 영성 각 분야에서 하나님께 쓰임받은 신앙 위인들의 삶을 차례로 조명해
본다. 생애에 드러난 감동적인 이야기와 구속사적 역사관에 근거한 내용 전개로 독자들에게 영적 도
전을 줄 것이다. 평신도와 신학생, 목회자에 이르기까지 누구나 쉽게 읽을 수 있다.

01 장 칼뱅   송삼용 지음 | 4×6판 변형 양장 | 160쪽 | 7,000원
세상과 타협하지 않는 개혁자이자 성도의 영혼을 돌보는 목회자로, 경건함의 본이 된 사람

02 찰스 스펄전   송삼용 지음 | 4×6판 변형 양장 | 160쪽 | 7,000원
천부적 재능을 소유한 설교자로, 영국을 복음으로 일으키고 세기적 부흥을 주도한 목회자

03 조지 뮬러   송삼용 지음 | 4×6판 변형 양장 | 164쪽 | 7,000원
수많은 고아의 아버지이자, 하나님을 위해 자신의 모든 것을 철저하게 포기한 기도의 사람

04 조지 휘트필드   송삼용 지음 | 4×6판 변형 양장 | 164쪽 | 7,000원
들불처럼 강인한 최초 야외 설교자로, 모든 교파를 초월하고 한 시대를 움직인 강한 목회자

05 데이비드 브레이너드   송삼용 지음 | 4×6판 변형 양장 | 160쪽 | 7,000원
인디언을 위해 일생을 바친 설교자로, 뼈가 부서지는 순간까지 은혜의 씨앗을 뿌린 목회자

06 조나단 에드워즈   송삼용 지음 | 4×6판 변형 양장 | 164쪽 | 7,000원
한평생 하나님의 능력에 사로잡혀 신학을 집대성한 미국 최고의 신학자이자 대부흥사

07 로버트 맥체인   송삼용 지음 | 4×6판 변형 양장 | 164쪽 | 7,000원
그리스도를 본받아 온전히 순종하는 삶과 경건한 삶의 본을 보여준, 영혼을 울린 설교자

08 존 오웬   송삼용 지음 | 4×6판 변형 양장 | 160쪽 | 7,000원
천부적인 지성과 탁월한 영성을 바탕으로 가장 방대한 저서를 완성한 청교도 신학자

09 윌리엄 캐리   송삼용 지음 | 4×6판 변형 양장 | 164쪽 | 7,000원
인도에서 활동한 영국 침례교 선교사로, 성경 번역에 앞장선 개신교 현대 선교의 아버지

10 허드슨 테일러   송삼용 지음 | 4×6판 변형 양장 | 164쪽 | 7,000원
중국을 품은 선교사로, 오직 중국 선교를 위해 치열하게 헌신하면서 복음을 전한 사람

11 길선주 김학중 지음 | 4×6판 변형 양장 | 152쪽 | 7,000원
독립운동가이자 교육가로, 한국 교회의 기초를 다지고 부흥의 바람을 일으킨 주역

12 주기철 김학중 지음 | 4×6판 변형 양장 | 152쪽 | 7,000원
흔들리지 않는 굳건하고 담대한 믿음으로, 목숨 걸고 하나님의 명령을 지킨 순교자

13 손양원 김학중 지음 | 4×6판 변형 양장 | 152쪽 | 7,000원
원수를 양자로 삼아 예수님의 사랑을 실천하고, 나환자들의 영혼을 돌본 믿음의 사람

14 장기려 김학중 지음 | 4×6판 변형 양장 | 152쪽 | 7,000원
약하고 불쌍한 이들을 위해 평생을 바쳐 봉사하며 버팀목이 되어준 한국의 슈바이처

15 조만식 김학중 지음 | 4×6판 변형 양장 | 152쪽 | 7,000원
민족의 십자가를 지고 독립운동과 민족 통일 운동에 힘쓴 기독교계의 중진, 한국의 간디

16 드와이트 무디 김학중 지음 | 4×6판 변형 양장 | 160쪽 내외 | 7,000원
미국 침례교의 평신도 설교자로, 어린이와 청년, 군인에게까지 사랑받은 감성적인 사람

17 어거스틴 김학중 지음 | 4×6판 변형 양장 | 160쪽 내외 | 7,000원
고대 신플라톤주의 철학과 기독교를 결합하여 중세 사상계에 영향을 준 교부 철학의 성자

18 마르틴 루터 김학중 지음 | 4×6판 변형 양장 | 160쪽 내외 | 7,000원
부패한 로마 가톨릭 교회에 대항해 은혜를 통한 구원과 성서의 권위를 강조한 종교개혁자

19 존 웨슬리 김학중 지음 | 4×6판 변형 양장 | 160쪽 내외 | 7,000원
위대한 전도자이자 신학자로, 복음 전파에 초인적으로 헌신하고 복음 해석에 기여한 사람

20 데이비드 리빙스턴 김학중 지음 | 4×6판 변형 양장 | 160쪽 내외 | 7,000원
아프리카를 개척한 선교사로, 아프리카 오지 깊숙한 곳에서 그들을 위해 헌신한 사람